CUADERNO DE EJERCICIOS

Francisca Castro Viúdez
M.ª Teresa Benítez Rubio
Ignacio Rodero Díez
Carmen Sardinero Francos

Primera edición, 2022
Reimpresión, 2025

Produce: SGEL Libros
Avda. Castilla La Mancha, 2
19171 Cabanillas del Campo (Guadalajara)

© Francisca Castro, M.ª Teresa Benítez, Carmen Sardinero, Ignacio Rodero
© SGEL Libros, S. L.
   Avda. Castilla La Mancha, 2, 19171 Cabanillas del Campo (Guadalajara)

Director editorial: Javier Lahuerta
Coordinador editorial: Jaime Corpas
Edición: Mise García
Redacción actividades vídeos: Anna Méndez
Corrección: Claudia Carbonell
Diseño de cubierta e interior: Leticia Delgado
Maquetación: Leticia Delgado

Fotografía de cubierta: Shutterstock
Ilustraciones: Maravillas Delgado (págs. 10, 51) y Pablo Torrecilla (págs. 18, 60).
Fotografías:
Alamy (págs. 5 y 41); Archivo SGEL (pág. 8); el resto, de Shutterstock, de las cuales, solo para uso de contenido editorial:
pág. 12 Rosalía (Ted Alexander Somerville / Shutterstock.com), Antonio López (Aldara Zarraoa / Shutterstock. Com);
pág. 13 (Christian Bertrand / Shutterstock.com); pág. 48, aeropuerto Barajas (pashamba / Shutterstock.com), aeropuerto El Prat (Sorbis / Shutterstock.com); pág. 58 Alasitas (Karol Moraes / Shutterstock.com), Carnaval (Anita SKV / Shutterstock.com), Fiesta de las Flores (Orchid photho / Shutterstock.com); lectura 12 Tomatina (Migel / Shurtterstock. com) Enharinados (samperix Shutterstock.com). Para cumplir con la función educativa del libro, se han empleado imágenes de Wikipedia: pág. 12 (Margarita Salas) y Lectura 4 (Ayax).

Audio: Cargo Music, Crab Ediciones Musicales y Nordqvist Productions España

Impresión: Gómez Aparicio Grupo Gráfico

ISBN: 978-84-17730-92-5

Depósito Legal: M-9087-2022

Printed in Spain – Impreso en España

CONTENIDOS

Unidad 1	*Gente*	4
Unidad 2	*Lugares*	8
PROCESOS Y ESTRATEGIAS 1		12
Unidad 3	*Relaciones personales*	14
Unidad 4	*El tiempo pasa*	18
PROCESOS Y ESTRATEGIAS 2		22
Unidad 5	*Salud y enfermedad*	24
Unidad 6	*Nuestro mundo*	28
PROCESOS Y ESTRATEGIAS 3		32
Unidad 7	*Trabajo y profesiones*	34
Unidad 8	*Tiempo de ocio*	38
PROCESOS Y ESTRATEGIAS 4		42
Unidad 9	*Noticias*	44
Unidad 10	*Tiempo de vacaciones*	48
PROCESOS Y ESTRATEGIAS 5		52
Unidad 11	*Tiempo de compras*	54
Unidad 12	*Fiestas y tradiciones*	58
PROCESOS Y ESTRATEGIAS 6		62

LEER MÁS	64
ACTIVIDADES VÍDEOS	76
TRANSCRIPCIONES	89
SOLUCIONES	97

1 Gente

A VIDA COTIDIANA

1 Lee el artículo y elige la opción adecuada.

FRUTA FRESCA AL ALCANCE DE TU MANO

La Mejor Naranja es un negocio familiar, con más de 13 años de trayectoria y que ya ha pasado por diferentes generaciones, que se centraba en cultivar naranjas valencianas y ofrecerlas a sus clientes.

Hasta aquí todo normal, pero todo cambió en el año 2002, cuando internet comenzaba a tener un papel protagonista en nuestro día a día. Fue aquí cuando decidieron adaptarse a los nuevos tiempos y crear *lamejornaranja.com*. Lo que no sabían es que años después iban a ser toda una referencia para el público.

Todo empezó como una aventura y como una prueba para ver si realmente internet les ofrecía algún beneficio real. Los pedidos comenzaron realizándose por correo electrónico, hasta que poco a poco fueron mejorando e incluyeron un formulario de pedidos en el que ya se podía escoger una fecha de entrega. A partir de ahí no hicieron más que crecer, hasta el punto de que en el año 2015 se hicieron con el premio eAwards al mejor *e-commerce*. La clave de su éxito está en que venden naranjas 100 % naturales y 100 % valencianas, cultivadas por ellos mismos, algo complicado de encontrar hoy en día. Las naranjas se recogen del árbol solo después de haber recibido un pedido, y se envían directamente al cliente sin pasar por el frigorífico ni recibir ningún tratamiento. Del árbol a tu mesa en 24 horas. Además, han sabido diferenciarse de la competencia y aportar algo más: ofrecer a sus clientes la oportunidad de pagar los pedidos una vez que los han recibido y los han probado. Sin duda alguna, La Mejor Naranja es un buen ejemplo en el que mirarte si estás dispuesto a dar el salto al mundo del *e-commerce*.

www.fullweb.es/blog

1 La Mejor Naranja...
   a es una frutería nueva.
   b se creó desde el principio como un negocio *online*.
   c empezó como una tienda tradicional y después se convirtió en un negocio *online*.
2 En La Mejor Naranja...
   a el cliente paga por adelantado.
   b el cliente paga al recibir el producto.
   c pruebas la fruta antes de pagar.
3 La fruta de La Mejor Naranja...
   a la cultivan ellos mismos.
   b viene de toda España.
   c la recogen y la guardan en grandes frigoríficos.

2 Completa las preguntas con *hace que, desde, cuándo, cuánto*.

1 ¿Cuánto tiempo **hace que** recibes clases *online*?
2 ¿Desde .... tienes móvil?
3 ¿Cuánto tiempo .... recibiste el último correo?
4 ¿............... cuándo tienes una cuenta en Google?
5 ¿............... tiempo hace que no miras tu correo?
6 ¿Desde .... compras cosas por internet?
7 ¿............... tiempo hace que tienes la aplicación de WhatsApp?
8 ¿Cuánto tiempo .... chateaste con alguien?

3 Responde a las preguntas anteriores y escríbelas en tu cuaderno.

Hace un año que recibo clases online.

4 🔊 1 Escucha a Virginia que habla de su vida y contesta a las preguntas.

1 ¿Desde cuándo vive Virginia en Sevilla?
2 ¿Cuándo dejó la tienda de alimentación?
3 ¿Cuánto tiempo hace que tiene móvil?
4 ¿Cuándo tiene clase de informática Virginia?
5 ¿Desde cuándo no ve a su hijo menor?

B ¿QUÉ HICISTE? ¿QUÉ HAS HECHO?

1 Relaciona.

1. De vez en cuando
2. La semana pasada
3. El mes que viene
4. Normalmente
5. En 1945
6. Hace mucho tiempo
7. Anoche
8. Casi siempre

a. me visitaron mis hijos.
b. que no viajo.
c. no pude dormir por el ruido.
d. llevo mi gato al veterinario.
e. voy a empezar un nuevo curso.
f. voy a clase de baile los lunes.
g. acabó la Segunda Guerra Mundial.
h. tengo libres los viernes, pero esta semana trabajo.

2 Completa las frases con el marcador temporal adecuado. En algún caso hay más de una posibilidad.

> varias veces • todos los días • siempre • muchos años • poco tiempo • nunca • tres años • tres días a la semana

1. Diego ha estado .... en Perú.
2. Juanjo va a la misma cafetería ....
3. Mi hermano .... ha estudiado español, hoy es su primera clase.
4. Alfonso escribe un montón de correos ....
5. Hace .... que doy clases *online* de yoga desde mi propia casa.
6. Eugenia no ha estado en el extranjero ....
7. Mi hermana va al gimnasio ....
8. Gema ha estado en Marruecos .... y ahora va a volver otra vez.
9. Eugenia acabó sus estudios hace .... y ahora trabaja en una empresa de telecomunicaciones.

3 La siguiente biografía está escrita en presente histórico. Cambia los verbos subrayados a pretérito indefinido o imperfecto en algún caso.

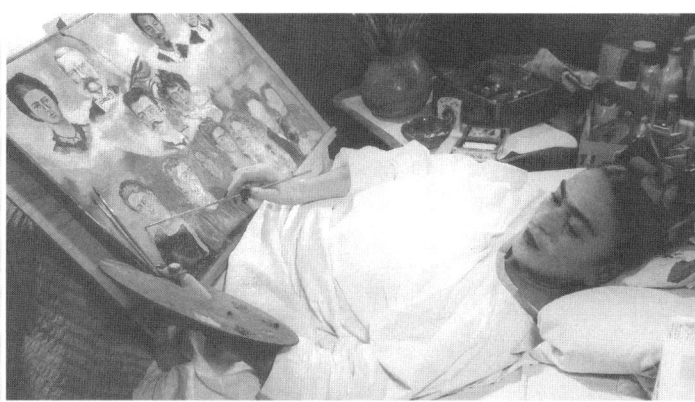

Frida Kahlo

Esta pintora mexicana, hija de un fotógrafo alemán y de una mestiza mexicana, nace (1) en Coyoacán, en 1907. Cuando tiene (2) tres años, enferma (3) de polio. En 1925, cuando estaba aprendiendo la técnica del grabado, tiene (4) un accidente de autobús que le obligó a estar en cama mucho tiempo. En este tiempo empieza (5) a pintar.

En 1928 entra (6) en el Partido Comunista y conoce (7) a Diego Rivera, con quien se casa (8) al año siguiente. Entre 1931 y 1934 vive (9) en Nueva York y Detroit con su marido.

En 1938 Breton califica (10) su obra como surrealista, pero ella misma declara (11) más tarde: "Creían que yo era surrealista, pero no lo era. Nunca pinté los sueños. Pinté mi propia realidad".

En 1939 expone (12) en París en la galería Renon et Colle. Cuatro años más tarde trabaja (13) dando clases en Ciudad de México. En 1953 la Galería de Arte Contemporáneo de la capital mexicana le organiza (14) una importante exposición. Muere (15) en Coyoacán en 1954.

Cuatro años más tarde, su casa familiar se convirtió en el Museo Frida Kahlo.

1. nació
2. ....
3. ....
4. ....
5. ....
6. ....
7. ....
8. ....
9. ....
10. ....
11. ....
12. ....
13. ....
14. ....
15. ....

1

4 Lee las siguientes biografías. ¿Sabes a qué personaje famoso corresponden?

1 ....
Fue un cantante, compositor y bailarín estadounidense de música pop, disco y dance. Conocido como el «Rey del Pop», fue incluido en el Libro Guinness de los récords en numerosas ocasiones, entre ellos, por ser el artista musical más premiado de la historia. Su contribución a la música, al baile y a la moda, lo convirtieron en una figura de la cultura popular mundial. Murió a los 53 años, en 2011.

2 ....
Luchó contra el *apartheid* en su país y fue arrestado y condenado a cadena perpetua por sus acciones. Pasó más de 27 años en la cárcel. Después de su liberación, el 11 de febrero de 1990, trabajó con el entonces presidente de su país en las negociaciones para conseguir una democracia multirracial que dieron paso a las primeras elecciones con sufragio universal de 1994. Tras el aplastante triunfo de su partido, fue elegido presidente por el parlamento. Recibió el Premio Nobel de la Paz de 1993. Trabajó por la reconciliación nacional, el progreso de su país y la alfabetización de la infancia. Falleció el día 5 de diciembre del año 2013.

3 ....
Además de actriz y política, fue primera dama de su país. Impulsó y logró la aprobación en 1947 de la ley de sufragio femenino en Argentina. Desarrolló una amplia acción social a través de su fundación: construyó hospitales, asilos y escuelas, impulsó el turismo social creando colonias de vacaciones, difundió el deporte entre los niños mediante campeonatos que abarcaron a toda la población, otorgó becas para estudiantes, ayudas para la vivienda y promocionó a la mujer en diversas facetas. Falleció el 26 de julio de 1952, a la edad de 33 años.

C EL FUTURO QUE NOS ESPERA

1 Completa este diálogo entre una pareja con uno de los verbos del recuadro en futuro.

> venir • quedarse • hacer (x 2) • ganar • casarse • ver • llegar
> esperar • ir • engordar • aprobar • poder

- ¿Sabes cuándo (1) .... Daniela?
- Sí, hoy (2) .... más o menos a las 20:00.
- Vale, entonces la (3) .... para cenar. Es que luego, a las 22:00, me voy al cine.
- Pero ¿tú no (4) .... a ver el partido conmigo? Iba a encargar unas *pizzas*.
- Bah, no…Ya (5) .... luego el resumen. Estoy segura de que (6) .... mi equipo. Además, si comemos tanta comida basura los dos (7) .... un montón. Y Ester y Raúl (8) .... el mes que viene, así que no quiero tener que arreglar la ropa que hemos comprado para la boda porque ya no nos sirve. Me han dicho que, de viaje de novios, (9) .... a Jamaica. ¡Qué suerte! ¡Cuándo (10) .... nosotros un viaje así!
- Ya…
- Por cierto, ¿Daniela llega siempre tan tarde? Es que nunca la veo estudiar ¿Crees que (11) .... el curso?
- No te preocupes, estoy seguro de que (12) .... muy bien todos los exámenes. Y este verano (13) .... disfrutar de las vacaciones.

2 🔊² Escucha y comprueba.

3 Completa los huecos con la forma adecuada del futuro.

El tiempo

El sol se impone en toda la Península con temperaturas que alcanzarán los 23 grados.

MADRID, 7 (EUROPA PRESS)

Los cielos despejados (1) .... (imponerse) durante la jornada de este viernes en toda la Península y los dos archipiélagos, con temperaturas en moderado ascenso que (2) .... (llegar) a alcanzar los 23 grados en varios puntos de la geografía, según informa la Agencia Estatal de Meteorología (Aemet).

Las temperaturas diurnas (3) .... (subir) moderadamente en Baleares y las islas Canarias. En el litoral cantábrico (4) .... (cambiar) poco. (5) .... (bajar) en Andalucía, en donde Huelva y Córdoba (6) .... (alcanzar) los 23 grados.

La Aemet prevé, para mañana sábado, temperaturas en ligero ascenso y cielos despejados en general, al tiempo que (7) .... (continuar) el viento fuerte en el área del estrecho de Gibraltar.

(8) .... (estar) poco nuboso o despejado en la Península y Baleares. El cielo de la Comunitat Valenciana (9) .... (estar) mañana poco nuboso o despejado, los vientos (10) .... (ser) flojos y las temperaturas mínimas (11) .... (subir) moderadamente.

En Madrid, hoy (12) .... (predominar) el cielo poco nuboso, los vientos (13) .... (ser) flojos y las temperaturas (14) .... (experimentar) un ligero descenso.

En las aguas costeras de Castellón (15) .... (soplar) el viento del noroeste, fuerza 2 a 3.

4 Forma frases con estos términos que se utilizan en la predicción del tiempo.

1 El viento
2 Las temperaturas
3 El cielo
4 El tiempo

a será fuerte.
b estará despejado.
c irán en ascenso.
d será ligero.
e estará un poco nuboso.
f no experimentará cambios.
g alcanzarán los 30 grados.

5 Escribe las tildes que faltan en las frases siguientes.

1 Sé hablar alemán, español e inglés.
2 Ayer vino a clase un chico muy timido que tenia unos ojos preciosos.
3 ¿Cuando llego Alvaro de Malaga?
4 Me gustan muchisimo los pajaros.
5 ¡Que tengais un buen viaje!
6 ¡Que simpatico es Luis!
7 Llego tarde a la oficina todos los dias por culpa del autobus.
8 Deberias hablar con el.
9 El examen de matematicas es la proxima semana.
10 Anteayer estudie gramatica toda la tarde.
11 Alvaro se compro un coche de segunda mano y a los dos meses se le estropeo.
12 ¿Por que no vino Maria a la reunion de Biologia?
13 Ramon, ¿cuantas veces te he dicho que no juegues con el balon en el jardin?
14 No me acorde de que habia quedado con Ursula y la deje plantada, no fui a la cita.
15 Oscar no abrio la boca y su jefe le pregunto si no tenia nada que decir.
16 Si no te das prisa, llegaras tarde.

6 🎧 3 Escucha y comprueba.

2 Lugares

A EN LA ESTACIÓN

1 Lee el texto y contesta a las preguntas.

CHAMBERÍ, la estación fantasma

Quien la ha visto alguna vez, pegado a la ventanilla entre las estaciones de Iglesia y Bilbao, se habrá preguntado qué hace una ruinosa estación en mitad de la nada de la Línea 1 del metro de Madrid. Quienes han cruzado las vías para averiguar qué hay detrás aseguran que es como viajar en el tiempo. Cuarenta años después de su clausura, tras 15 meses de rehabilitación y 3,8 millones de euros, la estación de Chamberí volvió a la vida. No como parada, sino convertida en Andén 0, el museo de la historia del Metro de Madrid.

Situada en la esquina entre las calles de Luchana y de Santa Engracia, la estación de Chamberí cerró el 21 de mayo de 1966 debido a la ampliación de la Línea 1. Por su situación en curva, que hacía técnicamente imposible su reforma, y tan próxima a las estaciones de Iglesia y Bilbao que obligaba a los trenes a mantener una velocidad muy reducida, el ministerio de Obras Públicas decidió clausurarla.

Desde su cierre, cientos de leyendas urbanas han acompañado a esta misteriosa estación. Jóvenes grafiteros han dejado su firma en ella, e incluso sirvió de escenario para algunas escenas de la película *Barrio*.

El visitante de Andén 0 Chamberí, al que se entra por una espiral de cristal que alberga la escalera y el ascensor, se encontrará con las taquillas, barreras de acceso e indicadores de la estación original. Su rehabilitación consistió en la restauración del interior, suelos, muros, bóvedas y carteles, así como la recuperación del mobiliario y de los andenes originales. También se conservan los logotipos originales de Metro y los anuncios publicitarios en paños de azulejos de productos que ya no existen y de comercios ya cerrados. Además, se han incorporado pantallas gigantes que proyectan documentales de la época. Mientras, en las taquillas, un cartel amarillento informa de unas "rebajas de tarifas" y otro ofrece un pase especial para ir a los toros por 0,50 céntimos.

Extraído de *publico.es*

1 ¿Por qué llaman a Chamberí "la estación fantasma"?

2 ¿Qué es Andén 0?

3 ¿Por qué se cerró la estación de Chamberí?

4 ¿Para qué se usó la estación después de su cierre y antes de convertirse en Andén 0?

5 ¿Por dónde se entra a Andén 0?

6 ¿Qué se puede ver en Andén 0?

2 ¿Cómo se dicen estas palabras en tu lengua? Puedes usar el diccionario.

CONDUCTOR
INTERCAMBIADOR
ANDÉN
ASIENTO
TAQUILLA
TARIFA

3 ¿Conoces más palabras relacionadas con los medios de transporte? Haz una lista y enséñasela a tu compañero.

4 Completa los textos con las siguientes palabras. Puedes completar con ellas tu lista del ejercicio 3.

> estancos • línea • tarjeta Multi • billetes
> parada • máquinas expendedoras • hacer transbordo

1 Para poder moverte por Madrid en metro necesitas adquirir una "(1) ...." recargable. En esta tarjeta vas recargando los (2) .... sencillos o los abonos disponibles. Puedes comprarla en las (3) .... de cada estación, en los (4) .... y otros lugares de venta autorizados.

2 (Hablando con el conductor del autobús)
A Perdone, ¿para ir a la Biblioteca Municipal?
B Es la cuarta (5) ....
A Ah, vale, gracias.

3 (En el metro)
A Perdone, ¿para ir a Avenida de América?
B Tiene que tomar la (6) .... dos y (7) .... en Príncipe de Vergara.

5 Construye frases.

1 19:30 ➡ Rosa llegar.
  19:00 ➡ La clase empezar.
  Cuando Rosa llegó, la clase ya había empezado.

2 12:15 ➡ Yo llamar al servicio técnico.
  12:35 ➡ Eva venir a arreglar mi ordenador.

3 16:00 ➡ Mercedes volver.
  15:40 ➡ Su hijo fregar los platos y recoger la cocina.

4 Lunes 9 ➡ El dueño venderlo.
  Martes 10 ➡ Hugo preguntar por aquel piso.

5 1998 ➡ José Saramago ganar el Premio Nobel de Literatura.
  1997 ➡ Escribir *Todos los nombres*.

6 Por la mañana: ➡ Yo leer tu mensaje.
  Por la tarde: ➡ Tú llamarme al móvil.

7 1990 ➡ Yo terminar mis estudios.
  1988 ➡ Yo empezar a trabajar.

8 Febrero ➡ Nuestro hijo aprender a andar.
  23 de marzo ➡ Nuestro hijo cumplir diez meses.

6 Gema y Víctor están viendo un reportaje sobre una actriz en una revista del corazón. Completa el diálogo con los verbos del recuadro en pretérito pluscuamperfecto.

> abrir • morirse • ~~casarse~~
> divorciarse • nacer • hacer

Gema: ¡Mira, mira, mira! Aquí tenía 21 años. Todavía no (1) *se había casado* con Pedro Manzanares.
Víctor: Sí, pero ella era ya famosa, (2) .... ya 4 o 5 películas.
Gema: Y pone aquí que su infancia fue muy triste: tuvo que irse a vivir con una tía porque sus padres (3) .... en la guerra.
Víctor: ¡Pobre!
Gema: Y mira, aquí están en Nueva York.
Víctor: ¿En Nueva York?
Gema: Sí, fueron porque unos amigos (4) .... un restaurante de lujo allí y están celebrando una fiesta.
Víctor: En esta foto está espectacular.
Gema: Pues aquí (5) .... ya tres veces.
Víctor: Parecen fotos muy antiguas.
Gema: ¡Claro! En esta época tú y yo todavía no (6) ....

7 Subraya la forma correcta.

1 Cuando mis hermanos y yo **éramos / fuimos** pequeños **nos mudamos / nos habíamos mudado** de casa.

2 Cuando **volvió / había vuelto** mi prima después de tantos años en el extranjero, las dos **lloramos / habíamos llorado** de alegría.

3 Ayer por la mañana no **contesté / contestaba** a tu llamada porque en ese momento no **había estado / estaba** en casa.

4 El mes pasado **habíamos comprado / compramos** la casa que **vimos / habíamos visto** en internet.

5 Cuando **vivíamos / habíamos vivido** en el pueblo, **nadábamos / nadamos** en el río todos los días.

6 El día en que **conocí / conocía** a Teresa yo todavía no **había salido / salí** con ninguna chica.

7 Hace un par de días se nos **había roto / rompió** el jarrón que nos **habías regalado / regalabas** en Navidad.

8 Antes siempre **pasábamos / pasamos** las vacaciones en la playa, pero el verano pasado **estuvimos / estábamos** en un pueblo de montaña.

B ¿CÓMO VAS AL TRABAJO?

1 En este crucigrama encontrarás palabras relacionadas con los medios de transporte.

1 Para ir al trabajo, tengo que **coger** el 70.
2 Cambiar de línea de metro para llegar a donde quieres es hacer ....
3 Hoy he llegado tarde al trabajo porque había un .... tremendo.
4 Tengo que .... mi tarjeta, me he quedado sin viajes.
5 Mujer que trabaja conduciendo trenes o autobuses.
6 Lugar donde se venden billetes de tren o metro.
7 Medio de transporte público que no es ni el tren, ni el metro ni el autobús.
8 Persona que comprueba los billetes en el autobús, el tren o el metro.

2 🔊 4 Escucha estos avisos del metro y reacciona de manera correcta. Después escribe los avisos.

1 ....
   a Coges el tren tranquilamente.
   b Dejas pasar el próximo tren y esperas el siguiente.
   c Llamas al vigilante de seguridad.

2 ....
   a Estás en Ventas y tienes que ir a Alonso Martínez, así que haces transbordo.
   b Sigues en ese tren.
   c Te bajas del tren y vas andando.

3 ....
   a Te bajas del tren, igual que todos.
   b Sigues en tu asiento.
   c Ves que todos bajan y activas la alarma.

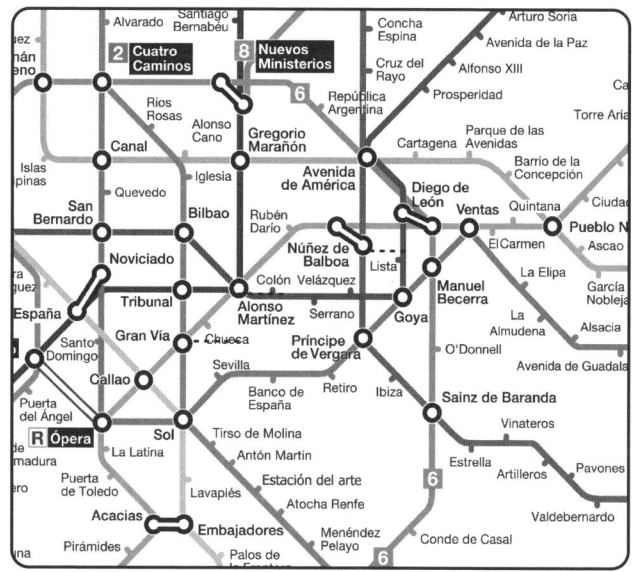

3 Vas a escuchar una historia curiosa, pero antes mira las viñetas y escribe lo que crees que pasó.

4 🔊 5 Ahora escucha y comprueba.

C INTERCAMBIO DE CASA

1 Fernando nos cuenta su experiencia de intercambio de casa. Lee el texto y contesta a las preguntas.

Aventura en Roma

Nosotros no sabíamos que existía esto de los intercambios de casa hasta que unos amigos nos contaron que lo habían hecho un verano. Como estaban tan entusiasmados con la experiencia, nos animamos nosotros también. Lo primero que hicimos fue informarnos y mandar un formulario por internet con nuestras preferencias a una agencia que concertaba intercambios.

Pensábamos en una pareja sin hijos, como nosotros. En principio estábamos abiertos a varias posibilidades, pero al final nos gustó una oferta de un matrimonio italiano.

Era una casa grande, muy cerca de Roma, con jardín y bonitas vistas. Así que contactamos con ellos y enseguida llegamos a un acuerdo. Total, que en un abrir y cerrar de ojos estábamos allí: la casa era estupenda, tenía hasta piscina y una chimenea que no tuvimos que usar, porque estábamos en mayo. Fue un mes inolvidable en el que conocimos gente maravillosa y descansamos muchísimo, porque la zona era muy tranquila..., bueno, quizás demasiado: estuvo muy bien, pero creo que la próxima vez elegiremos una casa en la ciudad, por cambiar de experiencia.

1 ¿Cómo se enteraron Fernando y su mujer de que la gente intercambia su casa?
2 ¿En qué estación del año hicieron el intercambio?
3 ¿Cuánto tiempo duró?
4 ¿Piensan volver a hacer intercambio de casa?

2 Completa con las preposiciones del recuadro.

> al (x 2) • del • hasta • en (x 3) • a • de (x 3) • desde

Yo vivo (1) a 20 kilómetros (2) .... la ciudad, así que voy todos los días (3) .... trabajo (4) .... tren.
La casa está (5) .... norte de Tihual, (6) .... la sierra de Vallehermoso. (7) .... el pueblo (8) .... la casa hay unos 10 kilómetros (9) .... coche. Las vistas son preciosas y la casa está muy cerca (10) .... río, así que es un lugar ideal para ir (11) .... pesca o (12) .... excursión al campo.

3 Completa con la preposición correcta.

1 Para ir desde mi casa .... lugares que están lejos prefiero ir .... taxi.
2 Vivimos .... diez minutos de la estación.
3 Para ir .... Lisboa, pasaremos .... Madrid.
4 Para llegar a la ciudad donde yo vivo tienes que ir .... la carretera de Valencia.
5 La próxima semana no estaré .... la ciudad, me voy .... viaje.
6 El pueblo de Rita está .... una hora .... tren.

4 Carlos e Inés son un matrimonio que quiere intercambiar su casa. Escucha cómo se lo cuentan a su vecino José y rellena el formulario con lo que buscan.

País de intercambio:	Brasil	
Época del año:		
Número de personas:		
Niños:	☐ Sí	☐ No
Tipo de propiedad:	☐ Urbana	☐ Rural
Fumadores:	☐ Sí	☐ No
Intercambio de coche:	☐ Sí	☐ No
☐ Lago	☐ Playa	
☐ Montaña	☐ Bosque	
☐ Atracciones turísticas	☐ Zona comercial	

5 Aquí tienes algunos elementos que puedes encontrar en una casa. Escribe su nombre debajo de cada imágen.

1 ....
2 ....
3 ....
4 ....
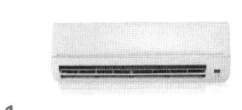
5 ....

6 ....

PROCESOS Y ESTRATEGIAS 1 — UNIDADES 1 Y 2

ESCUCHAR

1 Aquí tienes algunas respuestas de un conocido guitarrista en una entrevista. Escribe las posibles preguntas usando *desde cuándo, cuánto hace que* y *cuándo*.

1. • ¿... la guitarra?
   ■ Desde niño. En mi casa siempre ha habido música; en todas las fiestas y reuniones familiares la gente cantaba, tocaba y bailaba.
2. • ¿... tu primer concierto?
   ■ En 1997. Tenía 16 años. Y desde entonces no he dejado de subirme a los escenarios.
3. • Eres uno de los miembros del grupo Río Revuelto. ¿... tocáis juntos?
   ■ Llevamos ya 10 años juntos. Es un placer trabajar con personas con las que es tan fácil sacar proyectos adelante, nos llevamos muy bien, la verdad.

2 🔊 7 Ahora escucha la entrevista y comprueba.

LEER

3 Lee estos textos sobre algunos personajes destacados.

Rosalía (Barcelona, 1993). Rosalía Vila Tobella es una cantante, compositora y productora española. Ganó dos Premios Grammy Latinos por *Malamente* y cuatro por su segundo álbum, *El mal querer*, que la convirtieron en la artista española con más premios de la Academia Latina de Artes y Ciencias de la Grabación por un único trabajo, además de recibir dos MTV Video Music Awards.

Antonio López (Ciudad Real, 1936). Pintor y escultor. En 2008, el Museo de Bellas Artes le dedicó una exposición. Además, su obra *Madrid desde Torres Blancas* alcanzó en una subasta de Christies de Londres la cantidad de 1 918 000 libras, la mayor cantidad pagada hasta este momento por una obra de un artista español vivo.

Margarita Salas Falgueras (Asturias, 1938 - Madrid, 2019). Fue una bioquímica española. Licenciada en Ciencias Químicas, fue discípula del científico Severo Ochoa (Premio Nobel en Fisiología o Medicina en 1959), con quien trabajó en Estados Unidos. Comenzó el desarrollo de la Biología molecular en España, y desarrolló su trabajo como profesora del Centro de Biología Molecular Severo Ochoa. En 2016 se convirtió en la primera mujer en recibir la medalla de la Real Academia de Ciencias Exactas, Físicas y Naturales.

A ¿Qué información hay en los textos? Haz una lista. ¿Falta algún dato importante?

- NOMBRE
- LUGAR DE NACIMIENTO
- ....

B ¿Te gustaría saber algo más sobre estas personas? Añádelo a tu lista.

ESCRIBIR

4 Completa esta biografía con las siguientes preposiciones.

desde • hasta • en (x 2) • de (x 2)

Diego Pablo Simeone

Diego Pablo Simeone, más conocido como "El Cholo", nació (1) .... Buenos Aires, el 28 de abril (2) .... 1970. Es un exfutbolista y entrenador que dirige (3) .... el 23 de diciembre de 2011 al club Atlético de Madrid, equipo de la Primera División de España. Jugador legendario en este equipo, es el técnico más premiado de la historia del club (4) .... hoy, nombrado (5) .... 2021 el mejor entrenador mundial (6) .... los últimos diez años.

5 Escribe una biografía sobre un personaje importante de tu país para el blog de la escuela. Para ello:

1. Elige un personaje que te guste o te parezca interesante.
2. Busca información sobre él o ella.
3. Haz un esquema para organizar esa información.
4. Busca modelos de biografías en la UNIDAD 1.
5. Escribe la biografía.
6. Antes de colgar la biografía en el blog de la escuela, revisa bien tu texto.

ESTRATEGIAS

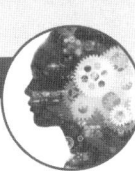

PARA LA MEDIACIÓN ESCRITA

1. Para escribir un texto, es útil hacer primero un esquema con la información principal bien ordenada.
2. Después, puedes desarrollar el esquema y escribir un borrador del texto.
3. También te puede ayudar buscar un modelo parecido al texto que quieres escribir.
4. Revisa bien tu borrador y escribe una versión final.

3 Relaciones personales

A JULIA ME CAE BIEN

1 Forma frases siguiendo el modelo. Utiliza los pronombres *me, te, le, nos, os, les*.

1   Rosa / molestar / los ruidos.
    A Rosa le molestan los ruidos.
2   Yo / quedar mal / los vaqueros.
3   Carlos / preocupar / su trabajo.
4   Manuel y Laura / interesar / la Historia.
5   Mis padres / encantar / el cine.
6   Mi mujer / caer mal / mi jefe.
7   Mis hijas / preocupar / la contaminación de la atmósfera.
8   Nosotros / no pasar / nada importante nunca.
9   Yo / interesar / los problemas de la gente que quiero.
10 ¿Vosotros / importar / el futuro de los niños?
11 ¿Tú / molestar / si abro la ventana?
12 Mis abuelos / gustar mucho / ver la tele.

2 Ahora habla de ti, de tu familia y de las personas de tu país. Escribe frases con los verbos del recuadro:

> interesar • caer bien • caer mal • preocupar
> molestar • encantar • gustar

A mí me gusta conocer otras culturas.
A los japoneses nos interesan las costumbres españolas.

3 Elige el pronombre.

1   ¿Qué **se** / **le** pasa a Manuel?, está raro.
2   Mi hijo **se** / **le** ha caído y **se** / **le** ha roto una pierna.
3   A David no **se** / **le** interesan nada los estudios.
4   Ana **se** / **le** lleva muy bien con su amiga Clara.
5   A Andrés solo **le** / **se** interesan las noticias de deportes, no **le** / **se** importa cómo va el mundo.
6   Ágata está muy sana, nunca **se** / **le** pone enferma.

4 Completa con el pronombre adecuado.

1   A ¿A ti **te** molesta la gente que habla mucho?
    B No, a mí .... molesta más la gente que no habla nada.
2   No .... cae nada bien Lorenzo. Siempre está hablando de lo mismo, no .... interesan nada más que el fútbol y los coches.
3   A Estás muy seria, ¿qué .... pasa?
    B Es que .... preocupa mi hija Violeta porque no sale, ... queda en casa todo el fin de semana y no tiene amigos.
4   A ¿Qué .... pasa? ¿Por qué tenéis esa cara?
    B Es que hemos llegado aquí hace media hora y no hay nadie. No .... gusta nada esperar.
5   A Mira esta falda, ¿cómo .... queda?
    B Muy bien. Cómpratela.
6   Quita la tele, no .... interesan nada los cotilleos de los artistas.
7   A ¿Qué .... pasa a tu marido?
    B .... ha enfadado porque no quiero ir de viaje.
8   Pepe, no .... lleves el coche, lo necesito yo.
9   A Chicos, ¿............... interesan entradas para el cine?
    B No, muchas gracias. La verdad es que a los dos .... gusta más ver series o películas en casa.

5 Completa la conversación con los verbos en el tiempo adecuado.

Miguel: Hola, Susana, ¿qué tal?
Susana: Hola, Miguel, bien. Hace tiempo que no te (1) <u>veo</u> (ver). ¿Qué (2) .... (hacer) ahora?
Miguel: Pues la verdad es que (3) .... (buscar) trabajo. Hace tres meses (4) .... (cerrar) la empresa donde (5) .... (trabajar) y (6) .... (quedarse) en la calle. ¿Y tú?
Susana: Yo, bien, ahora (7) .... (trabajar) en el hospital del Mar.
Miguel: No me digas, no lo sabía. ¿Cuánto tiempo hace que (8) .... (trabajar) ahí?
Susana: Solo dos meses, (9) .... (estar) muy contenta.
Miguel: Me alegro mucho. Yo todos los días (10) .... (mirar) las ofertas de empleo en internet. Ayer (11) .... (tener) una entrevista, no sé si me (12) ....(llamar).
Susana: Claro que sí, hombre. Seguro que tienes suerte.

6 🔊 8 Escucha y comprueba.

7 Completa las frases con el verbo en el tiempo adecuado. Pon los pronombres donde sea necesario.

1. A ¿<u>Has estado</u> alguna vez en París? (estar)
   B Sí, ... allí en 2002. .... con mi marido y mis hijos. (estar, ir)
2. Antes .... mucho salir los sábados por la noche, pero ahora .... quedarme en casa leyendo un libro. (gustar, preferir, yo)
3. A Rosa, pronto es Navidad. ¿Dónde .... la Nochebuena, aquí o en tu pueblo? (pasar)
   B Pues la Nochebuena la .... con mis padres en el pueblo y en Nochevieja .... aquí en Madrid con los amigos. (pasar, cenar)
4. A ¿.......... ya la última película de Almodóvar? (ver)
   B No, últimamente no .... mucho al cine. (ir)
5. A ¿Qué .... normalmente los fines de semana? (hacer)
   B Pues normalmente no .... mucho, pero este fin de semana .... a la montaña con un amigo. (salir, ir)
6. A ¿Dónde .... esta mañana? .... varias veces al móvil. (estar, llamar)
   B Pues .... en el hospital viendo a mi cuñada. (estar)
7. A ¿Cuánto tiempo hace que .... casado? (estar)
   B Muy poco, solo seis meses.
8. A ¿Sabes? .... de vacaciones a Brasil, tengo ganas de ver las cataratas de Iguazú. (ir)
   B ¡Qué bien! Yo las .... hace cinco años y .... mucho. Son impresionantes. (ver, gustar)
   A Yo nunca .... en Brasil. (estar)

8 En el texto siguiente hay 10 errores, encuéntralos y corrígelos.

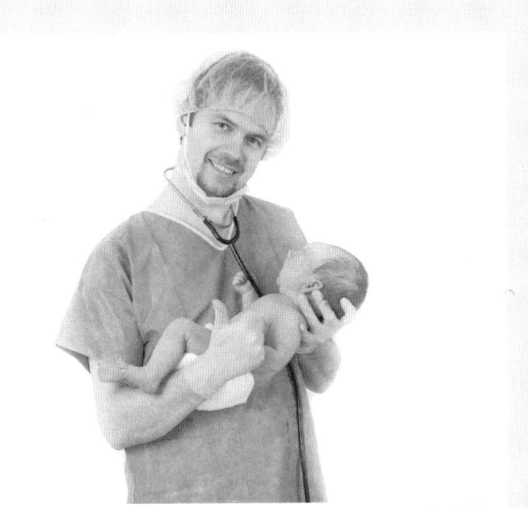

Joaquín tiene una profesión atípica para un hombre

Me llamo Joaquín del Campo y es matrona. Trabajo en el hospital de El Escorial de hace 17 años. A las mujeres no les importa, pero a veces sí les choca a los médicos, porque espera que la matrona sea una mujer.

Algunas mujeres dicen que me prefieren a mí porque soy más sensible. No lo sé. A mí me gustan mi trabajo, siempre intento animar la madre, la pregunto cómo se va a llamar el bebé, le cuento que es un momento duro pero que pronto tendrá a su bebé en los brazos y el dolor pasarán.

Si a alguna mujer le molestan mi presencia, otra compañera viene y no pasa nada. Creo que he atendido unos 4000 partos. El mejor, cuando ayudé a mi mujer. Creo que todos los padres debe ver cómo nace sus hijos, es una experiencia inolvidable.

3

B AMIGOS

1 Encuentra en la sopa de letras nueve adjetivos de carácter y relaciónalos con sus definiciones.

Alguien que...

1 ... no le gusta trabajar. ......vago......
2 ... reparte lo que tiene. ....
3 ... se mantiene en sus ideas. ....
4 ... comprende bien a los demás. ....
5 ... cumple su palabra. ....
6 ... muestra cariño. ....
7 ... solo piensa en sí mismo. ....
8 ... siempre dice la verdad. ....
9 ... le cuesta relacionarse. ....

S	P	R	T	M	C	B	G	R	T	N	S
C	F	V	A	G	O	T	S	N	B	O	P
A	Z	F	O	R	M	A	L	L	U	Y	O
S	D	R	T	B	P	W	S	T	R	N	A
N	B	V	C	A	R	I	Ñ	O	S	O	L
Q	V	B	Y	T	E	R	C	O	I	B	C
Z	Q	C	V	U	N	P	Ñ	L	N	P	Ñ
X	E	G	O	I	S	T	A	Ñ	C	G	M
P	O	T	I	M	I	D	O	M	E	U	B
Z	E	R	F	Q	V	E	U	N	R	Z	P
G	E	N	E	R	O	S	O	Ñ	O	P	T

2 🔊 9 Cada persona es de una manera diferente. Escucha y completa la tabla.

	Raúl	Silvia	Alicia	Jorge
1 Le gusta el cine				
2 Es una persona cariñosa				
3 Es una persona habladora	X			
4 Le importan las personas				
5 Es una persona activa y solidaria				
6 Le interesa el deporte				
7 Es una persona un poco vaga				

3 Completa con el verbo en subjuntivo.

> ser • tener (x 2) • entender • ~~hablar~~ • poder • cuidar • jugar
> estar • poner • venir • atender

1 No conozco a nadie que ...hable... tantos idiomas como tú.
2 Estoy buscando un piso que .... más de 100 m², que .... luminoso y exterior.
3 Aquí no vive nadie que .... perros ni gatos.
4 Necesitamos a alguien que .... de nuestra hija.
5 Este puesto de trabajo es para un hombre joven que .... dispuesto a viajar con frecuencia.
6 ¿Hay alguien en vuestra familia que .... al ajedrez?
7 Quiero comprar un perro que .... protegernos.
8 Necesito hablar con alguien que .... de decoración.
9 Quiero que mis amigos .... de vacaciones a Roma conmigo.
10 ¿Conoces alguna discoteca donde .... buena música para bailar?
11 Cuando voy de compras me gusta que me .... bien.

4 Subraya el verbo más adecuado.

1 Lucas es una persona que **hace / haga** amigos fácilmente.
2 Aquí hay alguien que **sabe / sepa** la verdad.
3 Hay pocas personas que **estudien / estudian** esa carrera.
4 Necesitan un coche que **tiene / tenga** un buen maletero.
5 Tengo un sobrino que **hace / haga** mucho deporte.
6 Le encantan las películas que **acaban / acaben** bien.
7 ¿Les queda algún traje que **cueste / cuesta** menos de 60 €?
8 ¿Sabes de alguien que **venda / vende** una moto?
9 Me gusta mucho la casa que **tengan / tienen** en el pueblo.
10 ¡Avísame cuando **hierva / hierve** el agua!

5 Has decidido buscar pareja en una página de contactos *online* y vas a escribir un breve texto explicando cómo es la persona que buscas. Elige algunas de estas características y añade tú otras nuevas para hacerlo.

- Ser comprensivo / atrevido / apasionado / sincero / responsable / formal.
- Gustar bailar / el cine / la música clásica / el deporte / viajar / comer bien / los deportes de riesgo.
- Tener sentido del humor...
- Tocar algún instrumento musical / cocinar bien / cantar bien...
- Saber escuchar / hacerme reír...

C TENGO PROBLEMAS

1 Relaciona cada problema con el consejo o sugerencia correspondientes.

1. Siempre llega tarde al trabajo.
2. Nuestros vecinos son muy ruidosos.
3. Estoy muy sola.
4. Trabajo demasiado.
5. Todos los días lo mismo: estoy harto de atascos.
6. Últimamente estoy muy cansado y me siento débil.
7. Cocino fatal.
8. Mi primo vive muy lejos de su trabajo, todos los días tiene que coger dos trenes.
9. No me llevo bien con mi hermana: siempre quiere tener razón, y yo también.
10. Tengo muchas cosas que hacer y no sé por dónde empezar.

a. Lo que tienes que hacer es comprarte una mascota.
b. Tiene que sacarse el carné de conducir.
c. Tiene que madrugar más.
d. Deberías organizar tu tiempo.
e. Deberíais hablar con ellos.
f. Deberías hacer un curso de cocina.
g. Lo que tienes que hacer es ir en metro.
h. Deberíais ser menos tercas.
i. Tienes que ir al médico.
j. Lo que tienes que hacer es relajarte un poco y descansar.

2 Completa con el verbo apropiado en condicional.

salir • tener • hacer • ver • poner • ~~abrigarse~~ • enviar • estar • ir (x 2)

1. Yo en tu lugar _me abrigaría_ bien, porque hace muchísimo frío.
2. Yo en tu lugar .... la tele. Va a empezar el partido.
3. Yo en tu lugar .... cuidado. Acabo de encerar el suelo.
4. Alberto está muy preocupado por su examen. Pero yo en su lugar .... tranquilo: va muy bien preparado.
5. ¿Otra vez le duele la muela? Yo en su lugar .... al dentista.
6. Yo en tu lugar .... las maletas esta noche. Mañana nos iremos muy temprano.
7. Yo en tu lugar .... esa película. Es buenísima.
8. Parece que va a llover. Yo en vuestro lugar no .... sin paraguas.
9. Yo en tu lugar le .... un mensaje antes de ir a su casa.
10. Andrés se va de vacaciones en Navidades. Yo en su lugar me .... a Canarias.

3 Escribe un consejo para cada una de estas personas. Utiliza la siguiente estructura.

Yo en tu/su/vuestro lugar…

1. Me cuesta mucho ahorrar. Gasto demasiado.
   Yo en tu lugar compraría una hucha, no compraría cosas innecesarias.
2. Estoy enfermo y tengo que quedarme en la cama, pero me aburro muchísimo y no sé qué hacer.
   ....
3. No tengo éxito con las chicas. Soy muy tímido.
   ....
4. Tengo problemas en español: no sé cómo memorizar el vocabulario.
   ....
5. Soy muy desordenado. Mi casa está llena de libros y papeles y ya no sé dónde meterlos.
   ....
6. Me dan mucho miedo los perros.
7. Me da mucha vergüenza hablar en clase de español. Siempre pienso que voy a cometer muchos errores.
   ....
8. Mi hermano quiere comprarse un piso, pero no tiene suficiente dinero.
   ....
9. He terminado la carrera y no encuentro trabajo.
   ....
10. Queremos montar una empresa, pero no tenemos suficiente dinero.
    ....
11. Mis vecinos están buscando a alguien que cuide de su hija pequeña.
    ....
12. Mi pareja y yo queremos perder peso de manera saludable.
    ....

4 El tiempo pasa

A ¡CUÁNTO TIEMPO SIN VERTE!

1 Escribe frases según el modelo.

1 salir (ellos) / llover. **Cuando salieron de casa, estaba lloviendo.**
2 volver del trabajo (él) / su mujer leer el periódico. ....
3 despertar (ella) / preparar el desayuno (él). ....
4 entrar (ella) / la profesora escribir en la pizarra. ....
5 Paula y Eduardo poner la radio / cantar su canción favorita (ellos). ....

2 Observa las viñetas y escribe cuatro frases en tu cuaderno. Sigue el modelo del ejercicio 1.

3 Escribe el verbo en la forma adecuada. Utiliza *he estado / estaba / estuve* + gerundio.

1 Beatriz (practicar) **ha estado practicando** toda la semana.
2 Cuando llegamos al zoo, los cuidadores (dar de comer) .... a los leones.
3 Se cayó cuando (esquiar) ....
4 Anoche (hablar, nosotras) .... del problema de Carmen hasta las doce de la noche.
5 Esta tarde (escuchar, ellos) .... música de los años ochenta.
6 Hoy no habéis trabajado nada, (criticar, vosotros) .... a Luis toda la mañana.
7 Este director murió mientras (rodar) .... una película.
8 El lunes pasado (ellos, escribir) .... un informe para el director. Lo terminaron a las 14.30.
9 Conozco bien esta zona, hace un año (vivir) .... por aquí.

4 Relaciona para formar frases.

1 No he podido coger el último tren porque
2 Voy a abrigarme bien,
3 Toca muy bien,
4 No sé nada de Arturo,
5 Si seguís haciendo tanto ruido,
6 Ya no nos quedan más zapatos de ese modelo,

a lleva practicando desde niña.
b pero volveremos a traer.
c acaba de marcharse.
d ha dejado de llamarme.
e empieza a hacer frío.
f voy a llamar a la policía.

5 Estás de vacaciones en Cancún y te has encontrado con una amiga a quien no veías desde hace tiempo. Habéis hablado bastante sobre cómo ha cambiado vuestra vida. Escribe frases contando lo que sigue haciendo y lo que ya no hace.

1 Vivir en Barcelona (SÍ). **Sigue viviendo en Barcelona.**
2 Escribir poemas (NO). **Ha dejado de escribir poemas.**
3 Vivir con sus padres (NO). ....
4 Coleccionar fotografías antiguas (SÍ). ....
5 Esquiar (NO). ....
6 Salir con Roberto (NO). ....
7 Estudiar Telecomunicaciones (NO). ....
8 Hacer escalada (SÍ). ....
9 Ser vegetariana (SÍ). ....
10 Tocar en una banda de rock (SÍ). ....
11 Ir a clases de *urban dance* (NO). ....
12 Correr todas las mañanas (SÍ). ....
13 Ser muy alegre (SÍ). ....

6 Completa con las palabras del recuadro.

> sigue (x 2) • vuelve a (x 2) • llevan • lleva
> empieza a (x 2) • deja de (x 2) • acaba de (x 2)

1. A ¿Está Rosa?
   B No, acaba de salir hace un minuto.
2. A mi hijo pequeño no le gustan los perros, siempre que ve uno, ... llorar.
3. Paco y Yolanda .... viviendo juntos cinco años.
4. Mi madre .... llegar de viaje y está muy cansada.
5. Estela aún no se ha independizado porque .... buscando piso.
6. ¡Qué mala suerte! Siempre que lavo el coche, ... llover.
7. Si mi hermano .... preocuparse por todo, dormirá mucho mejor.
8. Roma es una ciudad tan fascinante que todo el que va una vez .... visitarla.
9. Me he quejado varias veces, pero mi vecino .... haciendo muchísimo ruido.
10. Es un chico muy tenaz: cuando no consigue algo, siempre .... intentarlo.
11. Hemos ido al médico y hemos probado muchas cosas, pero mi marido no .... roncar.
12. Tere está muy ocupada: hoy .... trabajando todo el día.

7 Reescribe las frases utilizando una perífrasis.

1. El profesor ha llegado ahora mismo.
   El profesor acaba de llegar.
2. Me examiné del carné de conducir, pero no aprobé. Hoy me he examinado otra vez.
3. Son las 18:01, y he terminado el informe a las 18:00.
4. Mi cuñado busca trabajo desde hace dos meses.
5. ¿Por qué ya no me escribís cartas?
6. Esta actriz es muy mayor, pero aún actúa en el cine.
7. Antes vendíamos revistas, pero ya no las vendemos.
8. Trabajan desde los 18 años.
9. He visto de nuevo la película que me prestaste.
10. Julia ha llamado justo ahora para preguntar por ti.
11. ¡Nuestro equipo de fútbol ha ganado otra vez!

8 ¿Ha cambiado mucho tu vida en los últimos 10 años? Escribe un pequeño texto para un grupo de compañeros de clase con los que sigues en contacto.

B LA EDUCACIÓN ANTES Y AHORA

1 Construye frases.

1. Los niños tener mucha imaginación / ser menos creativos.
   Antes los niños tenían mucha imaginación, pero ahora son menos creativos.
2. Darme miedo el agua / encantarme nadar.
3. Los niños construir sus propios juguetes / sus padres comprárselos.
4. Los niños jugar en la calle con sus amigos / preferir divertirse con los videojuegos.
5. Las madres pasar más tiempo en casa con sus hijos / trabajar fuera.
6. (Vosotros) ir a clase por la mañana y por la tarde / tener jornada continua.
7. Este colegio ser solo para niñas / ser mixto.
8. Los niños estar más atentos en clase / distraerse más.
9. Los niños leer más / preferir ver vídeos o películas.
10. Los clientes pagar con tarjeta o en metálico / muchos pagar desde el móvil.
11. Los estudiantes usar casi siempre papel y boli / utilizar mucho el ordenador o la *tablet*.
12. La gente buscar información en los libros / buscar en internet.

2 Seguro que has mejorado mucho tu español. Habla de tus progresos construyendo cinco frases con *antes* y *ahora*.

Antes	Ahora
Me daba mucha vergüenza hablar español.	Ahora lo hago sin problemas.

4

3 ¿Tienes algún reto: aprender a tocar un instrumento, ponerte en forma, dejar de comer dulces…? Completa la tabla con tus progresos usando *antes* y *ahora*.

Estoy poniéndome en forma.

Antes	Ahora
Nunca iba al gimnasio	Voy tres veces a la semana

C TRABAJO Y VOCACIÓN

1 Lee esta entrevista y responde verdadero o falso.

1. María Rosa dejó de bailar en los escenarios hace más de 10 años. ☐
2. Su *ballet* es el que más años seguidos ha actuado. ☐
3. No montó antes su escuela de baile para pasar tiempo con sus nietas. ☐
4. Actualmente no se encuentra bien físicamente porque bailar le ha producido muchas lesiones. ☐
5. A su edad, María Rosa sigue trabajando. ☐
6. María Rosa da clases de funky. ☐
7. Donde más le gustaba bailar era en España. ☐

UNA PROFESORA DE LUJO

Decir María Rosa es decir danza. Su ballet estuvo más de cuarenta años trabajando por todo el mundo. Ahora, tras más de una década retirada de los escenarios, ha abierto el «Centro de Danza María Rosa», en Madrid.

—¿Cuántos años ha estado bailando?
—Empecé a actuar cuando tenía ocho años, y me retiré con 63.

—¿Una carrera bonita?
—Preciosa. He tenido la suerte de triunfar en mi profesión y he disfrutado muchísimo. Mi ballet ha sido el que más años ha estado actuando consecutivamente, más de cuarenta.

—Y ahora se enfrasca en la aventura de montar un «Centro de Danza», ¿por qué?
—Quería montarlo cuando me retiré, pero, después de estar toda la vida viajando sin parar, preferí volcarme en mis nietas. Ahora que ya son mayores considero que es el momento de hacerlo.

—¿Y la gente ve por allí a María Rosa dando clases?
—Tenemos muchos profesores, porque enseñamos todo tipo de danzas: clásica, española, flamenco, «hip-hop», «funky»…, y eso necesita gente especializada, pero hay gente que solo quiere aprender conmigo y, claro, les doy las clases personalmente.

—Tantos años bailando profesionalmente, ¿pasan factura al cuerpo?
—Sí, porque lo has forzado una barbaridad. Yo he pasado ya por varias operaciones de los pies y de la espalda.

—¿Cuántas horas bailaba cada día?
—De seis a ocho horas. En mis ensayos hacía hora y media de ballet, una hora de bailes regionales, media de trabajo solo con pies, y luego lo montaba todo para el espectáculo. Eran auténticas palizas físicas.

—¿No se paraba nunca?
—Jamás. Cuando se lleva una compañía no se puede parar porque hay mucha gente a tu cargo, así que lo que hice durante años fue ponerme inyecciones de novocaína para soportar el dolor. No parar ha hecho que las lesiones se hicieran más graves.

—Una carrera bonita, pero dura…
—La danza es muy esclava porque te obliga a vivir solo para ella. No solo es bailar, son los viajes, los ensayos, los sacrificios a la hora de comer. Hay veces que pienso que me tenía que haber retirado cinco o seis años antes de lo que lo hice.

—¿Por qué?
—Porque al final los dolores eran insoportables, pero ya sabe que a los artistas nos cuesta mucho dejar las tablas.

—Pero ahora se encuentra estupenda.
—Sí, desde que me operé de la espalda, estoy muy bien. Antes le decía que el baile es duro, pero también te da una disciplina y una fuerza física que permite que te esfuerces más en la recuperación y la consigas en menos tiempo.

—¿En qué país le gustaba más actuar?
—Me encantaba bailar en la antigua Unión Soviética porque era un público maravilloso, igual que en Londres. En realidad, en todos he trabajado a gusto. Ahora bien, como bailar en tu país no hay nada.

Extraído de La Razón

2 🔊 10 Escucha al aventurero Manuel de los Peligros y marca con una X las cosas que dice que ha hecho.

1. Visitar España. ☐
2. Ver un desierto de Chile. ☐
3. Ir a la Luna. ☐
4. Viajar a Kenya. ☐
5. Escalar el K2. ☐
6. Bucear con tiburones. ☐
7. Comer carne de serpiente. ☐
8. Nadar en el Amazonas. ☐
9. Dar la vuelta al mundo en bicicleta. ☐
10. Viajar acompañado. ☐

3 Ahora haz tú cuatro preguntas a Manuel de los Peligros sobre las cosas que ha podido hacer (utiliza siempre el pretérito perfecto).

1. ¿Has aprendido a hablar otros idiomas?
2. ....
3. ....
4. ....
5. ....

4 Aquí tienes algunos adjetivos que has visto en esta unidad. Ordena las letras y forma correctamente las palabras.

1. ZIFEL → feliz
2. LOTRANQUI →
3. TILÚ →
4. DOLITAMI →
5. ORDEDONA →
6. TOJUS →
7. MODOCÓ →
8. LETORANTE →
9. DUROMA →
10. ABLEGRADA →

5 Ahora escribe los contrarios de estos adjetivos en la columna correspondiente. Puedes añadir los contrarios de los adjetivos del ejercicio 4.

paciente • controlado • necesario • responsable
sociable • experto • honesto • legal

DES-	IN- / IM- / I-

6 Patricia es periodista. Ha tenido una entrevista para trabajar en una cadena de televisión muy importante. Estas son las cosas que ha contado a su entrevistador. Escribe tú las frases como en el ejemplo.

1. Estudiar Periodismo en la Universidad del Saber.
   He estudiado Periodismo en la Universidad del Saber.
2. Hacer un curso de redacción y corrección de estilo.
   ....
3. Presentar un programa en la radio.
   ....
4. Trabajar en la redacción del periódico *Dime*.
   ....
5. Dar una conferencia en las XI Jornadas de Periodismo de La Habana.
   ....
6. Escribir un libro sobre política exterior.
   ....
7. Ganar varios premios de periodismo.
   ....
8. Ser corresponsal en Asia.
   ....

7 Acentúa los monosílabos que lo necesiten.

1. ¿Te preparo un te?
2. A mi no me eches azúcar, por favor.
3. El estaría orgulloso de ti.
4. El sobrino de Luis no va a ir a tu despedida de soltero.
5. Se que estás preocupada.
6. ¡Que tengáis un buen viaje!
7. ¿Cómo se dice esto en español?
8. ¡Que sorpresa!
9. A Pedro no le gusta esquiar, pero a Laura si.
10. Si te duele la cabeza, descansa un rato.
11. ¿Tu tienes uno o dos hermanos?
12. No se si mi perro tiene tres o cuatro años.

PROCESOS Y ESTRATEGIAS 2 UNIDADES 3 Y 4

HABLAR

1 Aquí tienes algunos objetos. Elige el mejor regalo para cada persona usando estas palabras. Observa el ejemplo y coméntalo con tu compañero.

> impuntual • cómodo • cariñoso • paciente
> desorganizado • hablador

1 Yo creo que un sofá sería el mejor regalo para alguien muy cómodo.
....
....
....
....

LEER

2 ¿Conoces la tradición del amigo invisible? Lee este texto para saber cuál es su origen.

[A] Un grupo de amigos, familiares o compañeros apuntan el nombre de cada uno de ellos en papelitos, estos se depositan en una bolsa o en un recipiente, y cada uno de los participantes va cogiendo uno sin mirar. El nombre que aparezca es el de la persona a la que le deberá hacer un regalo en la fecha acordada (día de la comida o cena de empresa o facultad, en **Nochebuena**, **Navidad** e incluso en **Nochevieja** o **Año Nuevo**). También se ha puesto muy de moda hacerlo en escuelas, centros sociales e incluso entre los ancianos que viven en residencias, siendo los familiares o el personal contratado quienes se encargan de comprar cada uno de los regalos que se repartirán anónimamente.

[ ] Eso sí, para llevar a cabo correctamente el **«Amigo invisible»** hay que cumplir ciertas normas, como no sobrepasar el importe estipulado como tope máximo (o mínimo) que debe costar cada regalo, no intercambiar entre participantes información sobre quién es la persona que ha tocado a cada uno ni cambiarse los papelitos (a no ser que a alguien le salga su propio nombre) y, sobre todo, guardar el anonimato y no decir a la persona a la que se le ha hecho el regalo quién ha sido su amigo o amiga invisible.

[ ] En cada lugar esta costumbre tiene una denominación diferente. En los países anglosajones y Francia se le conoce como **«Secret Santa»**, **«Manita-Manito»** en Filipinas, **«Engerl-Bengerl»** en Australia, **«Kris Kringel»** en Irlanda, **«Julklapp»** en Alemania, **«Noël canadien»** en Quebec (Canadá), **«Amigo secreto»** en Portugal y Brasil, **«Lootjes trekken»** en los Países Bajos, o **«Pollyanna»** en algunas zonas de Rusia, por poner unos cuantos ejemplos.

[ ] Existen diferentes explicaciones sobre el origen del amigo invisible. Algunos piensan que se originó a finales del siglo XIX, pero que nada tenía que ver con la Navidad, sino que era un presente que se realizaba a alguien y se decidía hacer de forma secreta. Muchos son quienes señalan que, sobre todo, las personas que recibían esos regalos anónimos estaban emparejadas o comprometidas y que el presente era realizado por algún admirador o persona que estaba secretamente enamorada. Existen otras fuentes que indican que probablemente se originó en Venezuela, como un modo en que las mujeres casadas recibían regalos anónimos por parte de admiradores secretos. Otros historiadores apuntan a que se originó en Estados Unidos, cuando algunas personas con mejor situación económica decidieron donar dinero de manera altruista y anónima a personas necesitadas, a las que les hacían llegar secretamente sobres conteniendo algunos dólares que servirían para pasar una buena Navidad.

3 Lee de nuevo y señala con el número correspondiente cuál es la idea principal de cada parte del texto.

A ¿Cómo se juega al amigo invisible? Párrafo 1
B Origen de la tradición
C Distintas versiones
D Las reglas del juego

ESTRATEGIAS

1 Al leer un texto, no es necesario entender todas las palabras.
2 Para encontrar las ideas principales, puedes señalar con un color las palabras clave o más importantes.

ESCUCHAR

4 🔊 11 En tu oficina habéis hecho el amigo invisible y te ha tocado tu compañero Álvaro. Escucha a estas personas que hablan de él y completa las frases.

1 Álvaro es ....
2 Su trabajo es ....
3 Le gusta ....
4 Le encantan ....
5 Su casa ....

5 🔊 11 Escucha de nuevo y elige para él el más adecuado de estos cuatro regalos.

ESCRIBIR

6 Ahora escribe un párrafo explicando qué regalo le vas a comprar a Álvaro y por qué.

A Álvaro le voy a comprar ....
..............................., porque Álvaro es
...., le gusta
.... y le encantan
.... Además,
....
....

1

Entrada para circuito SPA de 2 horas.
Con bañera de hidromasaje, sauna y baño turco.
¡Relájate y disfruta!

2 Colección de libros de bricolaje "HAZLO TÚ MISMO".
¡Para que hagas todos los cambios en tu casa que siempre has soñado!

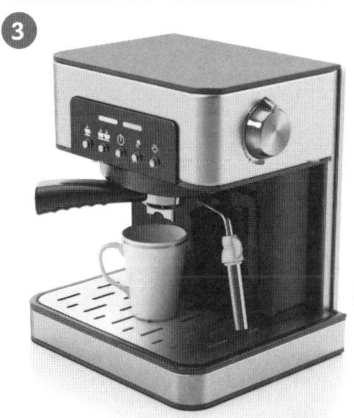

3

Si te apasiona el café recién hecho, esta es tu nueva cafetera. ¡LA CAFETERA PARA LOS MÁS CAFETEROS!

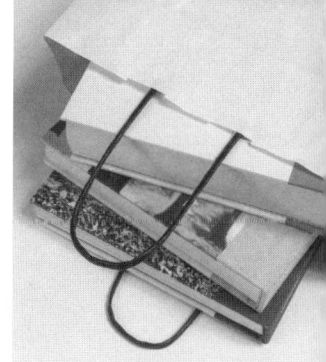

4

UNDERART
Galería de arte
Piezas originales y enmarcadas a precios realmente económicos. Algunos prefieren una copia, pero seguro que a ti te gusta más un original...

5 Salud y enfermedad

A EN EL RESTAURANTE

1 Escribe el nombre de estos alimentos.

1 .... 2 .... 3 ....

4 .... 5 .... 6 ....

7 .... 8 .... 9 ....

10 .... 11 .... 12 ....

13 .... 14 .... 15 ....

 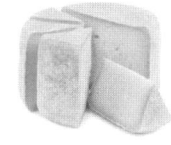 

16 .... 17 .... 18 ....

2 Completa con *para* o *para que*.

1 Cocino con poca grasa .... estar sana.
2 Nosotros cenamos ligero .... dormir mejor.
3 Yo tomo siempre una infusión después de comer .... hacer mejor la digestión.
4 Tengo siempre fruta en casa .... mis hijos puedan tomarla a diario.
5 Preparo mis platos de forma sencilla .... los alimentos conserven sus nutrientes.
6 Bebo mucha agua .... mantenerme hidratada.
7 Consumo alimentos ricos en calcio .... mis huesos estén fuertes.
8 Hago siempre una lista antes del ir al súper .... no comprar alimentos de más.

3 Termina las frases.

1 Es importante comer despacio y masticar bien para ....
2 Enseño a mis hijos a alimentarse bien para que ....
3 He dejado de tomar dulces para ....
4 Utilizo especias en mis platos para que ....

4 Construye frases con *para* y *para que* y podrás leer los trucos de algunas personas para cocinar una buena paella.

1 Yo usar un recipiente plano / (yo) preparar este plato.
Yo uso un recipiente plano para preparar este plato.
2 Primero, (yo) preparar un buen caldo/ (yo) añadir después al arroz.
3 Mi cuñado frotar el fondo de la cazuela con un trozo de cebolla / el arroz no pegarse.
4 Yo usar azafrán / dar buen color y sabor a la paella.
5 (Yo) Siempre controlar el tiempo de cocción con un reloj / el arroz estar en su punto.
6 Mi abuela dejar la paella 5 minutos fuera del fuego y tapada con un trapo / (la paella) tener más sabor.

B LAS OTRAS MEDICINAS

1 🔊12 Vas a escuchar una grabación donde se dan instrucciones para relajarse. Escúchala y escribe el nombre de las partes del cuerpo que se indican en la imagen.

2 ¿Conoces otras partes del cuerpo? Anota sus nombres en la imagen del ejercicio anterior. Si no sabes cómo se dicen en español, consulta tu diccionario.

3 Crucigrama.

1 Lo que hacen los médicos.
2 Perder peso.
3 Tengo que seguir una .... baja en sal para cuidar mi corazón.
4 Una terapia muy divertida.
5 El lugar donde se compran hierbas y productos naturales para la salud.
6 Este .... me lo ha recetado el médico.
7 La gripe es una .... muy común.
8 Un chico que no come carne ni pescado.

4 Completa estos remedios naturales con la palabra adecuada.

> tos • quemaduras solares • insomnio • estreñimiento
> resfriado • dolor de cabeza • fiebre • mareo

1 Para curar un **resfriado** rápidamente, toma una infusión de jengibre con miel y limón.
2 Para calmar el dolor de las .... aplica en la zona unas rodajas de patata cruda.
3 Para acabar con la .... nocturna, coloca un recipiente con media cebolla cortada en tu dormitorio.
4 Para no tener .... toma un vaso de leche caliente antes de ir a dormir.
5 Para bajar la .... aplica en la frente y en las muñecas una toalla empapada en agua fría.
6 Para evitar el .... en los viajes, toma frutos secos, chupa regaliz o una rodaja de limón.
7 Para acabar con el .... presiona el punto situado entre la base del dedo pulgar y el dedo índice.
8 Para combatir el .... toma dos kiwis al día (mejor en el desayuno). ¡Irás al baño con facilidad!

5

C ME DUELE LA ESPALDA

1 Lee este texto y completa los huecos con una de las palabras del recuadro. Sobran dos.

> demuestran • descanso • tranquilidad
> gente • persona • echar • comida • masaje
> británicas • ~~de moda~~ • a oscuras • estrés
> sin • despido • con

Dormir en el trabajo

Echarse la siesta en la oficina empieza a ponerse (1) de moda. Estudios científicos demuestran que dormir 20 minutos mejora la productividad.

Dormirse en el trabajo puede ser motivo de sanción o incluso de (2) .... Sin embargo, ahora algunas compañías animan a sus empleados a (3) .... una cabezadita en la misma oficina para reponer fuerzas.

Según las experiencias recogidas en el diario *Financial Times*, empresas (4) .... están preparando salas especiales de descanso para que sus empleados puedan dormir durante 15 o 20 minutos. En la sala, que está (5) ...., hay un sillón y música relajante, y los responsables de la idea afirman, (6) .... ninguna duda, que el sueño es uno de los pilares de la salud.

Otro objetivo de las salas de (7) .... es evitar el (8) .... y el cansancio. Algunos trabajadores no utilizan la sala para dormir, sino simplemente para tener un momento de silencio y (9) ...., lejos de los teléfonos. Según la regla informal de funcionamiento de la sala, solo puede permanecer en el interior una (10) .... y por un tiempo máximo de 20 minutos.

En otros casos se han instalado algunas sillas electrónicas de (11) .... shiatsu. Este corto período de tiempo que el trabajador pierde merece la pena cuando vuelve a su tarea fresco y (12) .... ganas de seguir trabajando.

Estas experiencias, pioneras en Europa, llevan años aplicándose en Japón, donde incluso existen ya estudios científicos que (13) .... la rentabilidad de estas salas de descanso. En Estados Unidos, un informe de la Fundación Nacional del Sueño afirmaba que la falta de sueño de los trabajadores cuesta a la economía unos 13 500 millones de euros anuales.

Extraído de Metro Directo

2 Completa el cuadro con el verbo en imperativo.

escuchar	escucha	escuche	escuchad	escuchen
escribir	escribe	escriba		
mirar	mira		mirad	
jugar		juegue		jueguen
leer	lee	lea		
salir		salga		salgan
dormir	duerme			duerman
oír			oíd	oigan
poner	pon			
decir		diga		
cerrar			cerrad	
empezar				empiecen

3 Escribe en forma negativa.

1 Escribe en la pizarra. **No escribas en la pizarra.**
2 Maquíllate todos los días. ....
3 Dame ese cuaderno. ....
4 Llévate el abrigo. ....
5 Habla con Elsa. ....
6 Siéntate en ese banco. ....
7 Préstale dinero a Pedro. ....
8 Díselo a tu vecina. ....
9 Dámelo. ....
10 Levántate temprano. ....
11 Dale mi teléfono a Luisa. ....
12 Ponle la bufanda al niño. ....
13 Empieza a fregar. ....
14 Abre la ventana. ....

4 Repite el ejercicio anterior en tu cuaderno, con la forma *usted*.

No escriba en la pizarra.

5 Lee el siguiente prospecto de un popular medicamento y completa con los verbos en imperativo. Utiliza los verbos del recuadro.

tomar • consultar (x 2) • leer • utilizar
interrumpir • conservar • seguir

FLUIMUCIL

(1) <u>Lea</u> todo el prospecto detenidamente porque contiene información importante. Este medicamento puede obtenerse sin receta para el tratamiento de afecciones menores sin la intervención de un médico. No obstante, (2) .... con cuidado Fluimucil 200 mg granulado y (3) .... atentamente las instrucciones para un mejor resultado.
(4) .... este prospecto, puede tener que volver a leerlo.
Si necesita información adicional o consejo, (5) .... a su farmacéutico.
Si los síntomas persisten después de 5 días de tratamiento, o si se produce fiebre, erupciones en la piel, dolor de garganta o de cabeza persistentes, (6) .... el tratamiento y (7) .... a su médico.

Antes de tomar Fluimucil 200 mg granulado
No (8) .... Fluimucil 200 mg granulado:
- Si es alérgico a la acetilcisteína y sus derivados.
- Si padece usted úlcera de estómago o duodeno.

6 Completa los siguientes consejos para tu crecimiento personal y tu bienestar. Utiliza los verbos del recuadro.

leer • sonreír • no enfadarse • no tener • conocer
dejar • llamar • aprender • ir • probar • agradecer
ayudar • no dejar

PARA VIVIR MÁS Y MEJOR
1 <u>Deja</u> un mal hábito
2 .... a alguien a quien hace tiempo que no ves.
3 .... a alguien que no pueda devolverte el favor.
4 .... al trabajo por un camino diferente.
5 .... una comida nueva.
6 .... un libro completo.
7 .... todos los días algo nuevo.
8 .... miedo a equivocarte.
9 .... un lugar nuevo en tu ciudad.
10 .... cada día lo que tienes.
11 ...., no vale la pena.
12 .... mucho para alegrar a los demás.
13 .... de soñar.

7 Aquí tienes unas tarjetas con problemas de salud y sus posibles remedios. Completa los siguientes diálogos.

DOLER LA ESPALDA ❶
- Evitar las malas posturas.
- No coger peso.
- No estar tanto tiempo sentado.
- Hacer algo de ejercicio suave.

ESTAR MUY ESTRESADO ❷
- No trabajar tanto.
- Buscar algún momento para relajarse.
- Hacer meditación.
- Salir y distraerse.

SENTIRSE DÉBIL ❸
- Alimentarse mejor.
- Descansa.
- No hacer grandes esfuerzos.
- Ir al médico para saber qué te pasa.

ESTAR DEPRIMIDO ❹
- Poner música alegre y bailar.
- No preocuparse demasiado por las cosas.
- No ver las noticias.
- Hablar con personas positivas y no aislarte.

1 A ¿Qué te pasa?
  B Nada, que me duele mucho la espalda.
  A Pues hombre, evita las malas posturas. Y no .... ni .... Y, sobre todo, ...
2 A ¿Qué te pasa?
  B Nada, que ....
  A ....
3 A ¿Qué te pasa?
  B Nada, es que ....
  A ....
4 A ¿Qué te pasa?
  B La verdad es que ....
  A ....

8 🔊13 Escucha y comprueba.

9 🔊14 Escucha y completa los huecos: ¿se escriben con *g* o con *j*?

orejas, ..., ..., alergia, ..., congestión, ..., masaje, ..., ..., lentejas, ..., ..., gesto, ..., guiso, ...

6 Nuestro mundo

A ECOLÓGICAMENTE CORRECTO

1 Escribe frases siguiendo el modelo.

1 Malgastar el agua.
   Me molesta muchísimo que la gente malgaste el agua.
2 Tirar cigarrillos en el campo.
   ....
3 No cuidar el entorno.
   ....
4 No proteger el medioambiente.
   ....
5 Maltratar a los animales.
   ....
6 No reciclar.
   ....
7 Ser irresponsable.
   ....
8 No tomarse en serio el cambio climático.
   ....
9 Ensuciar los ríos.
   ....
10 Usar el coche para todo.
   ....

2 Relaciona para construir frases.

1 Me preocupa encontrar
2 Me preocupa escuchar
3 Me preocupa dañar
4 Me preocupa ver
5 Me preocupa no hacer
6 Me preocupa derrochar
7 Me preocupa utilizar
8 Me preocupa generar

a noticias sobre vertidos tóxicos en mares y ríos.
b demasiada basura en casa.
c tantos pueblos abandonados.
d los recursos naturales.
e desperdicios cuando voy al campo y a la playa.
f lo suficiente para conservar el medioambiente.
g la capa de ozono.
h demasiados envoltorios y bolsas de plástico.

3 Lee las siguientes propuestas de fin de semana y recomienda la más adecuada en cada caso. ¡Cuidado! Sobra un grupo.

a Una familia con un hijo de 14 años.
b Un padre y sus dos hijas de 8 y 10 años que quieren hacer una actividad en el campo, pero sin tener que levantarse muy pronto.
c Una pareja que busca un plan para el domingo por la mañana.
d Un grupo de personas de la tercera edad que busca una actividad al aire libre para la tarde del domingo.

1

APRENDER SOBRE SETAS. La previsión de lluvias moderadas sobre Madrid no debe encerrarnos en casa. Todo lo contrario: Navalmedio Eventos de Naturaleza invita a una salida para reconocer las setas de nuestros montes.
Sábado 13 de 10:00 a 17:00. Consultar punto de encuentro. **Precio:** 35 euros. Niños hasta 12 años: 23 euros. Incluye comida. Información **91 852 30 19** / **www.navalmedio.es**

2

TESOROS BOTÁNICOS. Son los árboles del Retiro, una muestra vegetal que generalmente pasa inadvertida en los paseos de los madrileños por el parque, pero que representan una gran variedad de especies, historias y curiosidades.
Domingo 14. Salida, a las 11:00, desde la puerta de la plaza de la Independencia de los jardines del Buen Retiro. **Precio: 10 euros**. Dirigida al público adulto. Imprescindible reservar: **91 127 39 88** / inforetiro@madrid.es

3

IDENTIFICACIÓN Y OBSERVACIÓN DE AVES URBANAS
La ONG SEO Birdlife ofrece de nuevo un taller para aprender a reconocer y observar las principales aves que conviven con nosotros en las ciudades. Domingo 14, de 8:00 a 10:30, en el Observatorio de Aves del parque del Oeste de Madrid. ACTIVIDAD GRATUITA para toda la familia. Información y reservas: 91 772 34 66 / www.seobirdlife.org

4 Escribe frases siguiendo el modelo.

1 A mis padres / dejar el grifo abierto / yo. (no gustar)
   A mis padres no les gusta que yo deje el grifo abierto.
2 ¿A ti / construir una nueva fábrica cerca de tu casa (ellos)? (alegrar)
   ....
3 A nosotros / vivir en una ciudad tan contaminada / tú. (preocupar)
   ....
4 A los políticos / creer en ellos / la gente. (interesar)
   ....
5 A usted / visitarle en su jardín / los pájaros. (encantar)
   ....
6 A mi vecina / jugar en el patio / mis hijos. (molestar)
   ....
7 A Pablo / hablar todos a la vez / vosotros. (irritar)
   ....
8 A nosotros / traernos setas cuando ir al campo / tú. (gustar mucho)
   ....

5 🔊15 Escucha la conversación entre estas personas y marca en la lista cuáles son las cosas que más les molestan.

1 Que enciendan un cigarrillo sin permiso en su casa.	
2 Que le aconsejen sobre la educación de sus hijos.	
3 La impuntualidad.	
4 Que la gente fume.	
5 Que le mientan.	
6 Que alguien hable demasiado alto.	
7 Que le insistan para que coma alguna cosa.	
8 Que alguien le empuje en el autobús.	

6 ¿Y a ti? ¿Qué es lo que más te... *molesta, fastidia, preocupa, gusta, alegra, sorprende?* Escribe frases en tu cuaderno.

Lo que más molesta es que la gente hable en voz alta en el transporte público.

B MENOS HUMOS, POR FAVOR

1 Lee y completa con los verbos del recuadro.

> organizar • guardar • separar • localizar
> limpiar • imprimir • revisar • tirar (x 2)
> planificar • usar • echar • reducir

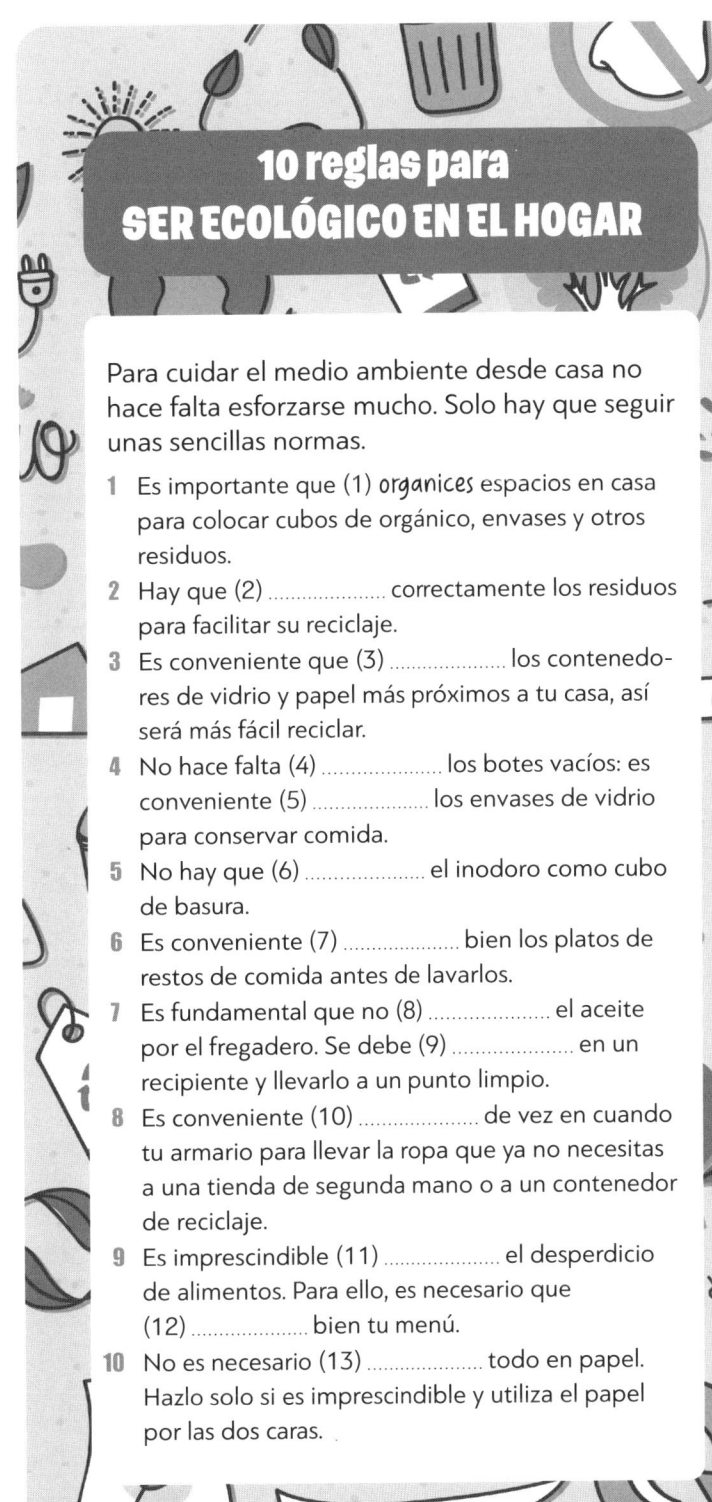

10 reglas para SER ECOLÓGICO EN EL HOGAR

Para cuidar el medio ambiente desde casa no hace falta esforzarse mucho. Solo hay que seguir unas sencillas normas.

1 Es importante que (1) *organices* espacios en casa para colocar cubos de orgánico, envases y otros residuos.
2 Hay que (2) .... correctamente los residuos para facilitar su reciclaje.
3 Es conveniente que (3) .... los contenedores de vidrio y papel más próximos a tu casa, así será más fácil reciclar.
4 No hace falta (4) .... los botes vacíos: es conveniente (5) .... los envases de vidrio para conservar comida.
5 No hay que (6) .... el inodoro como cubo de basura.
6 Es conveniente (7) .... bien los platos de restos de comida antes de lavarlos.
7 Es fundamental que no (8) .... el aceite por el fregadero. Se debe (9) .... en un recipiente y llevarlo a un punto limpio.
8 Es conveniente (10) .... de vez en cuando tu armario para llevar la ropa que ya no necesitas a una tienda de segunda mano o a un contenedor de reciclaje.
9 Es imprescindible (11) .... el desperdicio de alimentos. Para ello, es necesario que (12) .... bien tu menú.
10 No es necesario (13) .... todo en papel. Hazlo solo si es imprescindible y utiliza el papel por las dos caras.

2
Sabemos que tenemos que cuidar el medioambiente para el futuro de nuestro planeta. Escribe posibles normas para un desarrollo sostenible.

> Para **cuidar el planeta** podemos hacer muchas cosas. Solo hay que ....
> ....
> En primer lugar, es necesario que ....
> .... También hace falta
> ....
> No es necesario ....
> .... pero es conveniente que
> ....
> Además, hace falta que ....
> .... Y, sobre todo, no hay que
> ....
> Por último, es importante ....
> ....

3
Construye frases.

1 Para ser paracaidista...
2 No es necesario que...
3 Hay que...
4 Es conveniente que...
5 No hace falta que...
6 Es necesario...
7 Es importante...
8 Es fundamental...

a ...hagas...
b ...ser tolerante...
c ...hacer...
d ...hace falta...
e ...que me regales nada...
f ...friegues los platos...
g ...que estudies un poco...
h ...hacer un gran esfuerzo para mantener...

1 ... porque ya lo hago yo.
2 ... tener mucho valor.
3 ... con las opiniones de los demás.
4 ... algunas reformas en la casa.
5 ... algo de ejercicio a diario.
6 ... por mi cumpleaños.
7 ... todos los días.
8 ... la casa ordenada.

Para ser paracaidista hace falta tener mucho valor.

C LA ECOLOGISTA DEL HIMALAYA

1 ¿Vives en la ciudad? ¿Conoces a alguien que viva en el campo? ¿Crees que te gustaría vivir allí? Hay personas que deciden dejar su trabajo y su vida en la ciudad para marcharse al campo. ¿Por qué crees que lo hacen? Lee este texto y contesta a las preguntas de la página siguiente.

Volver al campo

Christoph Gaupp Berghussen tenía 24 años cuando llegó a Torronteras, una aldea abandonada de Guadalajara. En la aventura le acompañaba su mujer, Sarah. Ahora tienen 46 y 44 años, son apicultores y padres de tres hijos: Malva, de 12 años; Ángela, de 10, y Daniel, de 6. Ni la soledad, ni la falta de agua y electricidad de los primeros años han sido un obstáculo insalvable para esta familia. Malva, la hija mayor, cuenta que, aunque tiene que madrugar bastante para ir al instituto, no le gustaría vivir en una ciudad: "Hay más cines, más tiendas, pero también más ruido". ■

Ágata Blanco, de 25 años, que vive en La Vera, Cáceres, opina que "la mejor manera de ser ecológico es irse a vivir al campo. No son solo pueblos, hay muchas tierras de cultivo muy fértiles abandonadas. Solo están esperando que alguien las trabaje". Ágata es agricultora y, además, está estudiando Psicología en la Universidad a Distancia.
Está muy contenta de que su niño haya nacido en el campo, pero no todo son ventajas: "Por un lado, piensas que para el bebé va a ser más sano, más seguro, y luego resulta que en invierno no hay bomberos en la zona y que tienes la central nuclear de Almaraz a un paso". ■

Según Carlos Marín, que cambió su trabajo en la ciudad en una compañía eléctrica, por ser pastor de cabras en un pueblo de Huesca, "la vida es dura, pero también sencilla y barata. Por ejemplo, todas las verduras y la carne las sacamos de aquí". Él y su mujer consideran que el campo es una salida para los que están en paro. "Es difícil estar aislado, pero siempre te puedes acercar a la ciudad". Cuando van a Madrid a ver a la familia, aprovechan para ir al cine y de tiendas. Pero siempre con el billete de vuelta cerrado: "Una semana allí y ya te apetece volver a casa". ■

1 ¿Qué tiene que hacer Malva Gaupp para estudiar?

2 ¿Por qué Malva prefiere el campo a la ciudad?

3 Según Ágata, ¿cuáles son las desventajas de vivir en La Vera?

4 ¿En qué trabajaba antes Carlos? ¿Y ahora?

5 ¿Dónde consiguen gran parte de los alimentos Carlos y su familia?

2 Completa las vocales que faltan y encontrarás algunas palabras que has visto en esta unidad.

1 L**A**G**O**
2 C..NT..M..N..C.....N   ...C..ST..C..
3 C..RD..LL..R..
4 S..LV..
5 M..D.....MB.....NT..
6 ...SL..
7 ..C..... NO
8 ..NC..ND..... F..R..ST..L
9 C..NT..N..NT..
10 C..P.. D.. ..Z..N..
11 C..Ñ..N
12 D..S.....RT..

3 Completa las siguientes frases con el comparativo correspondiente.

1 La vida es **más** tranquila en los pueblos **que** en las ciudades.
2 La comida ecológica es .... sana .... la industrial.
3 Por culpa del cambio climático, ahora hace .... calor .... hace unos años
4 Los niños de hoy juegan al aire libre .... los de antes.
5 Me gusta mi nuevo barrio, es .... ruidoso .... el anterior, aquí vivo más tranquila.
6 El coche de Olivia es .... ecológico .... el nuestro, porque es eléctrico.
7 Este mes hemos gastado .... electricidad .... el pasado porque no hemos encendido el aire acondicionado.
8 Me gusta mi nuevo trabajo: es .... estresante .... el anterior.
9 En otros países se genera .... basura .... aquí porque la gente es más ecológica.

4 Pon el adjetivo entre paréntesis en la forma más adecuada (comparativo o superlativo).

1 Ciudad de México es la ciudad **más contaminada** del mundo. (contaminada)
2 El verano pasado fue una de las .... temporadas de incendios forestales. (malo)
3 La selva amazónica es el .... pulmón del planeta. (grande)
4 La hormiga es el animal ...., porque puede levantar 12 veces su propio peso. (fuerte)
5 El elefante asiático es .... que el africano. (pequeño)
6 Valencia es casi .... como Tokio. (ruidosa)
7 Reciclar está muy bien, pero es mucho .... producir poca basura. (bueno)
8 La bicicleta es un medio de transporte .... como agradable. (ecológico)
9 Australia es uno de los países .... del mundo. (seco)

5 Escribe el superlativo de estos adjetivos, como en el ejemplo.

1 importante   **importantísimo**
2 rápido   ....
3 tranquilo   ....
4 seco   ....
5 fuerte   ....
6 sucio   ....
7 barato   ....
8 grande   ....

6 Completa con *tan, tanto, tanta, tantos, tantas*.

1 En mi país, el clima no es **tan** caluroso como aquí.
2 En Madrid hay .... tráfico como en mi ciudad.
3 Antes había muchísimas truchas en este río, pero últimamente ya no hay ....
4 Este patinete tiene .... prestaciones como ese otro y, además, es más barato.
5 Nosotros lo pasamos .... bien en la playa como en la montaña.
6 En algunas ciudades hay .... coches como personas.
7 Tu hermana no tiene .... conciencia ecológica como tú.
8 Este verano las temperaturas han sido .... altas como el anterior.
9 Nunca había visto .... pájaros diferentes.
10 Ese atleta corre .... como un guepardo.
11 Yo no gasto .... agua como tú porque me ducho muy rápido.

PROCESOS Y ESTRATEGIAS 3 — UNIDADES 5 Y 6

ESCUCHAR

1 Mira la imagen: ¿dónde está Alba? ¿Qué crees que le pasa?

2 🔊16 Ahora escucha el diálogo y completa las frases.

1. Alba ha ido al médico porque .... y no puede ....
2. Ahora tiene que ....
3. Si le duele, puede ....
4. En el centro de salud pueden prestarle ....

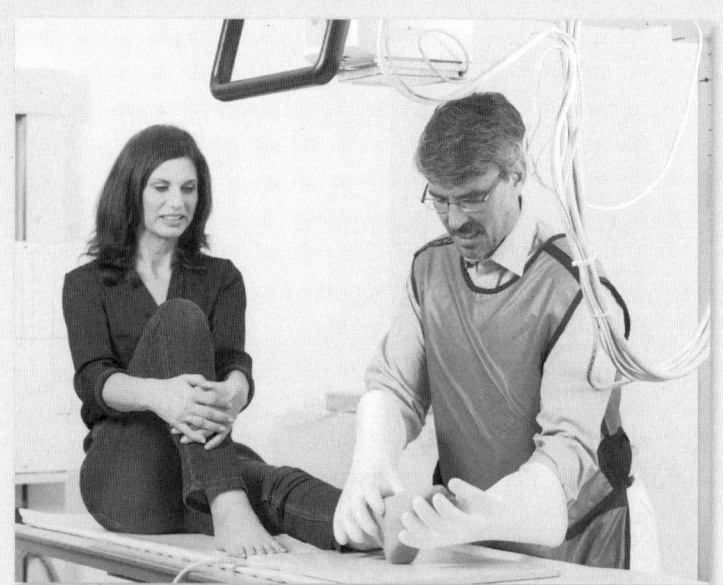

LEER

3 Aquí tienes algunas recomendaciones. ¿Para qué problema de salud sirven?

CONSEJOS PARA ALGUNOS PROBLEMAS DE SALUD MUY COMUNES

A ....
Es conveniente tomar bebidas calientes y no hablar mucho ni gritar. También es bueno abrigarse poniéndose una prenda alrededor del cuello.

B ....
Es fundamental ir al dentista enseguida, y es importante no tomar dulces ni cosas calientes. Si es muy fuerte, hay que tomar algo para calmarlo.

C ....
Es necesario hacer una dieta especial: tomar arroz, patata cocida, pescado hervido, pollo a la plancha. Y hay que beber agua con limón para no deshidratarse.

D ....
Es importante hacer ejercicios de estiramiento. Se puede aplicar calor y frío y también alguna crema. También puedes ir a un masajista para que te haga un buen masaje.

ESTRATEGIAS

PARA COMPRENDER UN DIÁLOGO

1. Cuando escuchas un diálogo, es útil imaginar, primero, la situación: ¿dónde están las personas?, ¿qué crees que pasa?
2. Piensa qué palabras o frases pueden aparecer en esa situación.
3. Antes de escuchar, lee bien la tarea para saber qué información necesitas conseguir.
4. Puedes escuchar el diálogo una vez para comprobar cuál es la situación. Y escucharlo de nuevo después para anotar los detalles.
5. Puedes comparar con tu compañero si tenéis la misma información.

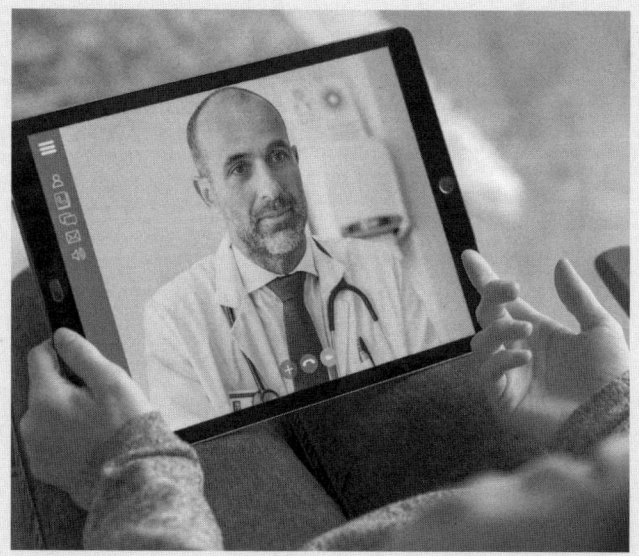

4 Eduardo ha ido a comprar algunas cosas para su hijo, que está enfermo. Completa las frases con *para o para que*.

1. Ha comprado un termómetro .... tomarle la temperatura.
2. Ha comprado un jarabe .... lo tome tres veces al día.
3. Ha comprado una bolsa de hielo .... bajarle la fiebre.
4. Ha comprado unas vitaminas .... esté más fuerte.
5. Ha comprado un peluche .... se sienta mejor.
6. He comprado naranjas .... hacerle un zumo por las mañanas.

MEDIACIÓN

5 Tu compañera de piso no se encuentra bien. Vas a acompañarla al médico porque ella casi no habla español. Fíjate en lo que le pasa a tu compañera y piensa qué le vas a decir al médico.

- DOLOR DE CABEZA desde ayer por la tarde.
- MUCHA TOS
- FIEBRE ALTA

HABLAR

6 Estás con ella en el centro de salud. ¿Qué le cuentas al médico? Completa el diálogo.

TÚ: ....
DOCTORA: .... ¿Qué le pasa?
TÚ: Verá, mi amiga no se encuentra bien: .... la cabeza y .... mucha ....
DOCTORA: ¿Desde cuándo se encuentra ....?
TÚ: ....
DOCTORA: ¿Tiene ....?
TÚ: Sí, treinta y ocho y medio.
DOCTORA: De acuerdo, voy a verla… Parece que ha cogido la gripe. Tiene que pasar unos días en la ...., descansar y beber mucho ....: zumos, infusiones… Para la fiebre y la tos, que tome estas pastillas tres veces al ....
TÚ: Vale, muchas ....

ESCRIBIR

7 Ahora escribe un mensaje a Alberto, un buen amigo español de Clara, para explicarle qué tiene que hacer para curarse.

¡Hola, Alberto!

Hoy he acompañado al médico a Clara porque no se encontraba bien. Me ha pedido que te escriba este mensaje porque ella ahora está en la cama y no tiene fuerzas para escribir. Seguro que se pone bien pronto, pero de momento tiene que tomar unas pastillas para .... También es importante que ...., y además ....

No te preocupes, no es nada grave. Puedes pasar a visitarla cuando quieras.

¡Te esperamos!

7 Trabajo y profesiones

A UN BUEN TRABAJO

1 ¿De cuál de estas profesiones hablan las siguientes adivinanzas?

> mecánico • fontanero • albañil • policía
> camionero • carpintero • electricista • taxista
> ~~bombero~~ • jardinero

1 Si en algún lugar hay fuego, rápido actúa el **bombero**.
2 Las flores están preciosas si las cuida el ....
3 En su coche a los turistas lleva enseguida el ....
4 El .... hace sillas, mesas y otras maravillas.
5 Con él hay seguridad día y noche en la ciudad: ....

2 Ahora explica tú las otras profesiones que hay en el recuadro del ejercicio 1.

1 El mecánico **arregla coches.**
2 El albañil ....
3 El camionero ....
4 El electricista ....
5 El fontanero ....

3 Completa el texto con los fragmentos del recuadro.

> clientas • del dinero que gana • por teléfono
> en su consulta • barajas de cartas • fue su abuela

4 Busca en la sopa de letras el nombre de diez profesiones.

Q	E	D	V	B	N	P	I	N	T	O	R	A	L
D	C	U	D	E	P	E	N	D	I	E	N	T	A
J	U	Y	W	P	N	R	Ñ	L	X	R	A	I	Y
T	R	Z	C	O	C	I	N	E	R	O	C	K	T
R	N	P	E	A	B	O	G	A	D	O	T	I	U
Y	X	M	J	A	R	D	I	N	E	R	O	L	P
B	A	I	L	A	R	I	N	A	S	Y	R	R	X
M	E	R	T	Y	C	S	V	B	H	J	K	M	B
C	A	N	T	A	N	T	E	E	M	B	G	J	K
P	O	L	I	C	I	A	A	S	D	F	H	Y	U

De profesión: ADIVINAR EL FUTURO

Un vidente cubano atiende desde hace diez años a sus clientes en su consulta de Madrid.

Llegó hace diez años a España procedente de Cuba con una maleta sin ropa y llena de hierbas para curar, y caracolas y (1) .... para adivinar el futuro. Desde entonces, José Sada se gana la vida con su consulta de videncia afrocubana, en la que atiende tanto a público español como latinoamericano.
"Tengo sobre todo (2) .... y los temas por los que más preguntan son los del trabajo", cuenta este hombre, casado con una española. Mientras hablamos, lo llama un cliente de Sevilla al que le lee el futuro (3) .... Por la tarde tiene otra cliente ecuatoriana a la que atenderá en persona. Él se define como "vidente afrocubano y espiritista". (4) .... hay desde vírgenes y muñecas negras hasta estampas de San Francisco de Asís o de Jesucristo. (5) .... la que le inició en la videncia. "Con diecisiete años me dedicaba, cuando salía de trabajar, a la curación con hierbas y a leer caracolas", cuenta. Parte (6) .... lo envía a Cuba, a su madre y a una hija de 15 años.
Aunque aquí en España tiene otros dos hijos, a José le gustaría regresar un día a su país.

B CUANDO PUEDA, CAMBIARÉ DE TRABAJO

1 Relaciona.

1. Cuando paso muchas horas en la oficina...
2. Cuando encuentre trabajo...
3. Trabajaba desde casa...
4. Tu jefe te felicitó...
5. Gano muy poco, me cambiaré de casa...
6. Cuando puedas...
7. Cuando salen de la oficina, ...
8. Cuando habló con el jefe...
9. Se enfadaron mucho...
10. Te enviará su currículum...

a. pásate por mi oficina.
b. podré irme de casa de mis padres.
c. cuando tenga tiempo.
d. me duele la cabeza.
e. cuando me suban el sueldo.
f. toman un café con los compañeros.
g. cuando mis hijos eran pequeños.
h. le pidió un aumento de sueldo.
i. cuando llegaste tarde a la entrevista.
j. cuando acabaste el proyecto.

2 Completa las frases con la forma correcta del verbo entre paréntesis.

1. Llámame cuando **termines** (terminar) de leer los correos de hoy.
2. Te invitaré a cenar cuando .... (recibir) mi primer sueldo.
3. Cuando entré, la entrevista .... (acabar) de empezar.
4. ¿Qué querías ser cuando .... (ser) niño?
5. Saldré a comer cuando .... (escribir, yo) este informe.
6. Nos iremos a París cuando .... (darme, ellos) unos días libres.
7. Echa un vistazo a estos documentos cuando .... (venir) a la oficina.
8. Cuando .... (llegar) las once, todos los días hacemos una pausa para tomar un café.
9. Cuando .... (saber) cuánto gana Luis en su trabajo, me lo dices.
10. Cuando .... (irse, tú) de la sala de reuniones, cierra la puerta.
11. Cuando .... (tener, nosotros) un puesto para ti, te avisaremos.
12. Cuando .... (volver, tú) de trabajar, compra una barra de pan.

3 Escribe las respuestas utilizando *cuando* + subjuntivo.

1. ¿Cuándo saldrás hoy del trabajo?
   El último cliente / irse.
   Cuando se vaya el último cliente.
2. ¿Cuándo vas a empezar las prácticas?
   (Yo) / terminar / el curso de formación.
   ....
3. ¿Cuándo tendréis un descanso?
   (Nosotros) / hacer / unas cuantas llamadas.
   ....
4. ¿Cuándo cobrará Miguel?
   (Él) / entregar / el proyecto.
   ....
5. ¿Cuándo me vas a enseñar tu nuevo despacho?
   (Yo) / llevar / allí todas mis cosas.
   ....
6. ¿Cuándo te vas a apuntar a la bolsa de trabajo?
   (Yo) / tener / tiempo de rellenar el formulario *online*.
   ....
7. ¿Cuándo vas a abrir el bar?
   Todo / estar / preparado.
   ....
8. ¿Cuándo empezaréis a hacer entrevistas?
   (Nosotros) / leer / todos los currículos.
   ....
9. ¿Cuándo montarás tu propio negocio?
   (Yo) encontrar / un local a buen precio.
   ....
10. ¿Cuándo vas a volver a trabajar?
    Mi hijo / empezar la guardería.
    ....

7

C SI TUVIERA DINERO...

1 ¿Estás a gusto en tu trabajo? Hemos preguntado a algunas personas qué cosas les gustaría que mejoraran. Completa las frases con el pretérito imperfecto de subjuntivo.

Estaría más a gusto en mi trabajo si...
1 ...me **pagaran** (ellos, pagarme) mejor.
2 ...la pausa para comer (2) .... (durar) un poco más de tiempo.
3 ...los compañeros de mi departamento (3) .... (sonreír) más y (4) .... (ser) más pacientes.
4 ...(5) .... (tener, yo) un horario más flexible.
5 ...el jefe (6) .... (comunicarse) más con los empleados.
6 ...todos nosotros (7) .... (cuidar) más el material y las instalaciones comunes.
7 ...(8) .... (trabajar, yo) menos horas y (9) .... (poder) pasar más tiempo con mi familia.
8 ...no (10) .... (llevarme, yo) trabajo a casa.
9 ...mi jefe no me (11) .... (llamar) fuera de mi horario de trabajo.

2 Completa el siguiente diálogo poniendo los verbos en su forma correspondiente.

A ¿No encuentras trabajo? Si yo (1) .... (ser) tú, (2) .... (abrir) mi propia escuela de idiomas.
B No tengo dinero para eso. Si yo (3) .... (montar) una escuela, (4) .... (tener) que pagar el alquiler del local. Y eso es caro.
A ¿Y si las clases (5) .... (ser) *online*? Así no (6) .... (necesitar) alquilar ningún local.
B ¿Y tú crees que si (7) .... (dar) clases por internet (8) .... (tener) éxito?
A Pues claro. Si yo (9) .... (querer) aprender un idioma, (10) .... (apuntarme) a clases *online*, porque no tengo mucho tiempo y así puedo hacerlo desde mi casa y a mi ritmo.
B Vale, y si (11) .... (estar) en mi lugar, ¿por dónde (12) .... (empezar)?
A Si yo (13) .... (ser) tú, (14) .... (crear) una página web atractiva para hacer publicidad de mis clases y además (15) .... (ofrecer) una primera clase gratis. Creo que es una manera de darse a conocer.
B ¡Qué buena idea!

3 Alicia es una niña con mucha imaginación. Completa sus frases con el verbo en su forma correspondiente:

1 Si (1) **fuera** (ser, yo) invisible, (2) **entraría** (entrar, yo) en el cine sin pagar entrada.
2 Si (3) .... (poder, yo) volar, (4) .... (volar, yo) por encima de los tejados de mi ciudad.
3 Si (5) .... (elegirme, ellos) ministra de educación, (6) .... (haber) menos días de cole y más vacaciones.
4 Si (7) .... (tener, yo) una varita mágica, (8) .... (convertir, yo) en rana a mi primo Teo, porque es muy malo y hace trampas.
5 Si (9) .... (vivir, yo) en una granja, (10) .... (salir, yo) todas las mañanas a dar de comer a las gallinas.
6 Mis padres no (11) .... (quedarse) dormidos en el sofá si no (12) .... (ver, ellos) esas series tan aburridas.
7 Si (13) .... (saber, yo) conducir, (14) .... (llevar, yo) a mi madre al trabajo.
8 Si (15) .... (regalarme, ellos) un gatito, (16) .... (llamarle, yo) Misi.
9 (17) .... (estar, yo) más contenta si (18) .... (ponerme, ellos) menos deberes.
10 Si yo (19) .... (hacer) la comida, (20) .... (comer, nosotros) macarrones con tomate tres días a la semana.
11 Yo (21) .... (ser) muy feliz si mi amiga Patricia (22) .... (venir) a vivir al lado de mi casa.

4 ¿Cómo te imaginas tu vida si no existiera internet? Piénsalo. Ahora lee el siguiente texto y compáralo con lo que has pensado.

¿Qué haría yo sin internet?

José Mendiola

¿Cómo sería la vida hoy sin la red más famosa del mundo? Se acabarían las lecturas de la prensa *online* por la mañana mientras saboreamos el café, no podríamos conocer la predicción del tiempo al minuto y en nuestra región, y los lunes serían más largos sin repasar los resultados del fútbol. No estaríamos informados al segundo de lo que pasa en el mundo y la radio volvería a tener más protagonismo. Pero también se acabaría con las descargas –ilegales o no– de canciones y películas y estaríamos obligados a comprar *cedés* y a grabar los grandes éxitos de la radio como antes.

Pero más allá del ocio, ¿qué pasaría con el trabajo? Volveríamos a la era de las cavernas: ¿se imagina lo que sería vivir ahora sin *e-mail*? Las reuniones habría que convocarlas por teléfono o fax y apuntando con una cruz o un tic a los asistentes, por no hablar de qué sucedería si hubiera que hacer un cambio de última hora en la fecha del acto. Y es que sin el correo electrónico tendríamos que recurrir a la mensajería para enviar documentos como no hace tanto, y las nuevas relaciones laborales como el teletrabajo vivirían épocas muy duras. El fax y la prensa en papel, ahora en desuso, volverían a vivir sus años dorados.

Viviríamos menos comunicados y, si no existieran ni *Tuentis* ni *Facebooks*, la única forma de socializar sería otra vez la tapita y la caña, pero ya en un ámbito mucho más local. Perderíamos contacto con amigos de la infancia que ahora viven en el extranjero y volveríamos a las conferencias por teléfono para saber de los familiares y amigos que están al otro lado del mar. Y, si nos pusiéramos enfermos, no tendríamos acceso al conocido 'doctor Google' al que consultamos con nuestros síntomas antes de acudir al médico.

Muchos piensan que sin internet seríamos un poco más incultos, menos eficientes, viviríamos más desconectados de lo que nos rodea, y las relaciones laborales y personales cambiarían radicalmente. Sería como unas vacaciones permanentes de todo lo que conocemos hasta ahora. ¿Viviríamos mejor o peor que ahora? Lo consultaremos en Google...

(elconfidencial.com)

5 Relaciona la primera parte de las frases con sus finales.

1. Si un día desaparece para siempre internet,
2. Habría que volver a convocar las reuniones por teléfono o fax
3. La prensa en papel volvería a utilizarse más
4. Compraríamos otra vez CD y DVD
5. Si no tuviéramos acceso a las redes,
6. No podríamos consultar en Google

a. si no tuviéramos e-mail.
b. si no pudiéramos descargarnos música ni películas de la red.
c. la única forma de socializar sería de nuevo irse de tapas y cañas.
d. si nos sintiéramos enfermos.
e. viviremos más desconectados del mundo.
f. si no pudiéramos consultar las noticias *online*.

6 ¿Qué más cosas cambiarían si no existiera internet? Escribe frases como la del ejemplo

Si no tuviéramos internet, no podríamos teletrabajar.

....
....
....
....

7 🔊17 Enrique y Adela están rellenando un cuestionario. Escucha y completa las siguientes afirmaciones.

1. Si su jefe le encargara un nuevo proyecto,
....

2. Si otra empresa le ofreciera un nuevo puesto de trabajo,
....

3. Si le dieran un premio por su buena actuación,
....

4. Si le propusieran un puesto en la dirección,
....

5. Si le propusieran viajar,
....

8 Tiempo de ocio

A DEPORTES

1 Hemos encontrado estos objetos. ¿A qué deportistas pertenecen?

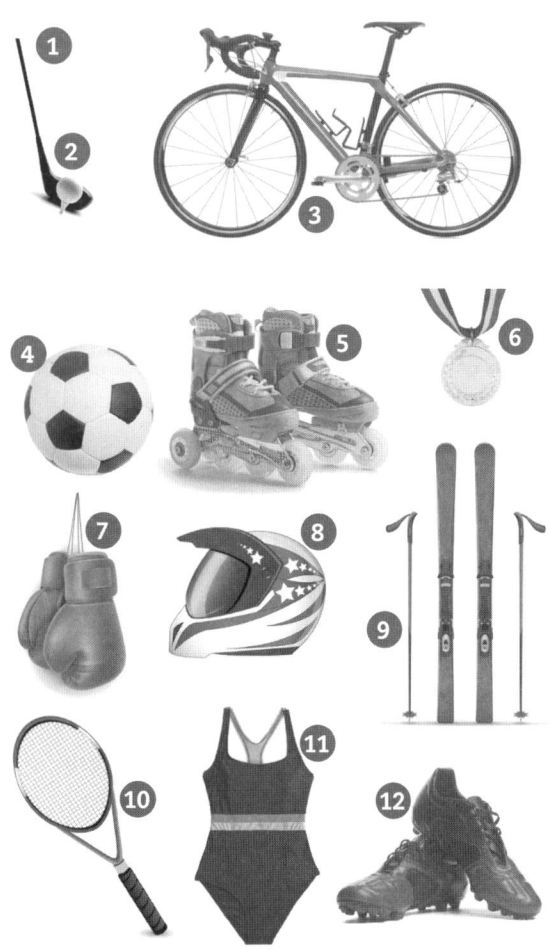

3 Escribe en cada columna las palabras correspondientes.

> al fútbol • en moto • los guantes • sobre hielo • a caballo
> una medalla • el casco • los esquíes • en bici • una copa
> al baloncesto • un partido • sobre ruedas • al tenis

MONTAR	JUGAR	PATINAR	GANAR	PONERSE
en bici				
en moto				

4 ¿Conoces muchas profesiones relacionadas con el deporte? Escribe sus nombres y explica qué hace cada profesional

Los ciclistas recorren muchos kilómetros en bicicleta.
Los futbolistas ....
....
....
....
....

2 Ahora busca esos objetos en la sopa de letras.

5 🔊 18 Escucha esta entrevista al ciclista Emilio Pedal y completa el cuestionario.

1 Edad a la que tuvo su primera bici: ....
2 Lo que hace para relajarse: ....
3 Un defecto: ....
4 Un sueño: ....
5 Su victoria más importante: ....
6 Número de bicicletas que tiene: ....

B ¿SALIMOS?

1 🔊19 Escucha a Isabel y a Jesús que hablan sobre la programación de televisión y responde.

1 ¿Hay algún concurso esta noche?

2 ¿A qué hora se puede ver un documental?

3 ¿Por qué no van a poder ver la serie de los abogados?

4 ¿En qué canal le gusta a Jesús ver las noticias?

5 ¿Hay alguna película divertida esta noche?

6 ¿Cuándo es el partido de fútbol?

2 Completa el diálogo.

A ¿Salimos esta tarde?
B Bueno ¿Qué te gustaría hacer?
A ....
B No sé, a mí no me apetece mucho.
A ¿..?
B ¡Ah, vale, me parece una buena idea!
A ¿..?
B Podemos quedar en la entrada.
A Perfecto, ¿..?
B ¿Te parece bien a las ....?
A ....
B Muy bien, nos vemos luego.

3 Escribe un diálogo parecido. Ten en cuenta que…

- Tú quieres ver una exposición de Picasso.
- A tu amigo no le interesa mucho la pintura y prefiere hacer algo más divertido.
- Tu amigo prefiere quedar por la mañana.
- Tú solo tienes tiempo por la tarde.
- Os gustaría tomar algo antes o después de la actividad.

4 Transforma de estilo directo a estilo indirecto.

1 ¿Para quién es el paquete?
   Quería saber para quién era el paquete/ Preguntó que para quién era el paquete.

2 ¿Cuál es tu dirección de correo electrónico?

3 ¿Cómo te gusta pasar el fin de semana?

4 ¿Cuándo llegaste a esta ciudad?

5 ¿Con quién hablabais?

6 ¿Quién vendrá al partido?

7 ¿Dónde habéis quedado?

8 ¿Por qué vais a cambiar de trabajo?

5 Te han hecho estas preguntas. Cuéntaselas a un amigo transformándolas a estilo indirecto.

1 ¿Te interesa el cine?
   Preguntó si/ Quería saber si me interesaba el cine.

2 ¿Habéis visto la nueva exposición de fotografía?

3 ¿Invitará Paco?

4 ¿Ponen algo interesante en la tele?

5 ¿Vais a sacar las entradas por internet?

6 ¿Habéis comido alguna vez en este restaurante?

7 ¿Van a tomar ustedes algo antes del espectáculo?

8 ¿Podríamos quedar en la puerta del teatro?

9 ¿Tenéis algún bono para la ópera?

6 El inspector Narváez está investigando un robo en casa de los García y ayer le hizo algunas preguntas a Víctor, un vecino del edificio. Escribe las preguntas del inspector como en el ejemplo.

1 Me preguntó dónde estaba yo el sábado por la tarde.
   ¿Dónde estaba usted el sábado por la tarde?

2 Me preguntó cuánto tiempo hace que vivo aquí.

3 Me preguntó si conozco bien a todos los vecinos.

4 Me preguntó si tenía confianza con los García.

5 Me preguntó si había visto a alguien en el edificio.

6 Me preguntó si había escuchado algún sonido extraño.

7 Me preguntó que con qué vecinos suelen hablar más los García.

7 Ayer hablaste con un montón de gente. Cuéntale a tu amigo Luis lo que te dijeron.

TU HERMANA: ¡Ay, lo siento! Al final no puedo llevar yo al perro al veterinario. ¿Podrías hacerlo tú?

Ayer me dijo mi hermana que lo sentía, pero que al final no podía llevar al perro al veterinario, y que si podía hacerlo yo.

INÉS: ¿Tenéis Luis y tú algo que hacer el sábado por la noche? Voy a hacer una fiesta en casa y me gustaría invitaros.

....
....
....
....

DIEGO: Pues ya he terminado la mudanza. Así que ya puedo descansar tranquilamente en mi piso nuevo. Es superluminoso, te va a encantar.

....
....
....
....

TU JEFA: ¿Cuándo tendrás listas las fotocopias? Las necesito lo antes posible.

....
....
....
....

LA PRESENTADORA DEL TELEDIARIO: El tráfico en el centro de la capital estará cortado por la carrera popular. Se recomienda utilizar el metro.

TU VECINO: Oye, hace mucho que no veo a Luis. ¿Está enfermo o le pasa algo?

....
....
....
....

8 Reconstruye lo que dijeron estas personas.

1 Francisca me dijo que el fin de semana pasado había visto la última obra de teatro de Eduardo Aldán y que estaba genial.
El fin de semana pasado vi la última obra de teatro de Eduardo Aldán y está genial.

2 Me contó que sus padres habían tenido que emigrar a Francia cuando eran jóvenes.
....

3 Carla me prometió que me llamaría pronto y me preguntó que cuándo tenía tiempo de hablar un rato.

4 Un turista me preguntó ayer dónde podía coger un autobús para Bilbao.

5 El otro día vi a Manuela y a David y me contaron que ya no trabajaban en la misma empresa. Me preguntaron si yo estaba contenta con mi trabajo.
....

6 Pues Tomás me dijo que había adoptado un gato y que estaba feliz porque le hacía mucha compañía.
....

7 Mis compañeros de trabajo me contaron que el edificio donde trabajamos antes era un teatro y me preguntaron que si no lo sabía.

8 Raúl me dijo que no llegaría a tiempo para ver la película con nosotros y que luego ya nos tomábamos algo todos juntos.
....

C MÚSICA, ARTE Y LITERATURA

1 Completa las frases con estas palabras.

entradas • aplaudir • cola • inaugurar • taquilla • colarse

1 Voy a sacar las .... para el teatro por internet, y así no tenemos que hacer **cola** en la ....
2 Cuando terminó el concierto, el público no dejaba de .... con entusiasmo.
3 En el cine, el teatro y los museos casi siempre hay alguien intentando .... Me parece de muy mala educación.
4 Por fin van a .... el Museo de las Ilusiones en mi ciudad. Tengo muchas ganas de visitarlo.

2 Vas a leer parte de una entrevista al fotógrafo Chema Madoz. Relaciona cada respuesta con su pregunta.

1 ¿Por qué crees que tus fotos tienen tanto éxito?
2 Haces fotografía artística, pero tus fotos han aparecido en alguna campaña publicitaria.
3 Cuando trabajas, ¿creas artesanalmente los objetos de la escena que luego fotografías? ¿Hasta qué punto participas en el revelado de tus fotos?
4 Mientras estás construyendo esas pequeñas escenas, ¿tienes nuevas ideas?
5 ¿Qué ocurre con los elementos después de fotografiarlos? ¿Los has expuesto alguna vez?
6 ¿Por qué no haces fotos en color?
7 ¿Qué opinas de la fotografía digital? ¿Es buena para tu profesión?
8 La fotografía digital cada vez se usa más. ¿Esto hace más difícil tener éxito en tu trabajo?

A Los objetos, una vez utilizados, se amontonan en el estudio como material de trabajo, que puede ser reutilizado en otras composiciones. Únicamente se ha expuesto algún objeto cuando no existía una foto de él y tan solo en un par de ocasiones.
B Sí, en ocasiones hago alguna cosa en este campo, pero son pocas las colaboraciones. Tiene que ser un encargo cercano a mi propio trabajo.
C Hago todo el proceso: elaboro el objeto, busco la luz con la que puede funcionar mejor, tomo la fotografía, revelo los carretes y hago una copia de pequeño formato. De la siguiente etapa se encargan en el laboratorio.
D La mayoría de la gente está habituada a las fotos. A diario convivimos con imágenes de todo tipo a través de la prensa y la televisión. Esto hace que mi trabajo sea más familiar y accesible. De todas formas, no deja de sorprenderme que unas imágenes elaboradas en principio para mí mismo puedan llegar a tanta gente diferente. Por ejemplo, los niños, en algunos talleres que se han hecho con mi trabajo, reciben muy bien mis imágenes, como una invitación al juego. Les despierta la curiosidad, cuando ven una, piden ver más.
E Depende de la ocasión. En general, primero tengo una idea y el resultado final está más o menos planificado, pero a veces puede haber cambios.
F Ahora es cierto que hay más gente que utiliza la fotografía pero, por ejemplo, todo el mundo tiene lápiz y papel y no por ello es más complicada la situación de los escritores.
G Desde mi punto de vista, al utilizar el blanco y negro está más claro que lo que se está mostrando es una representación, y no directamente la realidad. Además, facilita el trabajo.
H Claro que sí, porque nos ofrece nuevas posibilidades que antes no teníamos. Es muy interesante.

PROCESOS Y ESTRATEGIAS 4 — UNIDADES 7 Y 8

ESCUCHAR

1 🔊20 Vas a escuchar una entrevista de trabajo. Escucha las respuestas de Elisa y rellena la ficha.

PROFESIÓN	
UNA CUALIDAD	
UN DEFECTO	
SUELDO QUE LE GUSTARÍA GANAR	

2 🔊21 Ahora escucha solo las preguntas y responde tú como en una entrevista de trabajo. Puedes leer primero las preguntas y pensar lo que vas a decir o escribir algunas palabras o ideas importantes.

Háblame de ti...

- ¿Cuáles son tus mayores cualidades?
  ....
- ¿Cuáles son tus mayores defectos?
  ....
- ¿Por qué quieres este empleo?
  ....
- ¿Dónde crees que estarás en cinco o diez años?
  ....
- ¿Cuánto te gustaría ganar?
  ....
- ¿Por qué dejaste tu anterior trabajo?
  ....

MEDIACIÓN ORAL

3 Ayer te hicieron la entrevista de trabajo del ejercicio 2. Cuéntale a un amigo qué te preguntaron y qué dijiste.

En la entrevista me preguntaron .... y después ....
....
....
Yo dije que ....

ESTRATEGIAS

PARA REACCIONAR EN UNA ENTREVISTA:

1. Puedes hacer primero una lista de preguntas que crees que pueden hacerte.
2. Cuando necesites hablar de un tema, es útil escribir algunas ideas o palabras importantes y organizar la información que quieres dar.
3. Es bueno practicar la conversación con un compañero imaginando situaciones habituales, como haciendo teatro e intercambiando los roles.

LEER

4 Trabajas en una clínica dental con muchos pacientes. Lee este correo que te ha enviado tu jefa y completa con las palabras del recuadro. ¿Cómo es la persona que está buscando?

> candidato • clientes • recepción • citas • experiencia
> currículos • puesto

Buenos días, necesitamos una persona con al menos 5 años de (1) .... en el sector de la salud que se encargue de la (2) .... Su trabajo consistirá en atender a los (3) .... por teléfono y en persona, organizar las (4) .... y cobrar a los pacientes. Además, necesitamos que mantenga actualizada nuestra presencia en las redes sociales. Por favor, cuando puedas echa un vistazo a los (5) .... que te envío y selecciona al mejor (6) .... para el (7) ....
Gracias y un cordial saludo,
Gema.

Gema está buscando una persona que ....
.... y ....
....
Además ....

ESCRIBIR

5 Estos son los currículos que has recibido. Elige al mejor candidato y escribe un correo a tu jefa explicando tu decisión.

TOMÁS HURTADO NAVAS

Soy un profesional dinámico, con don de gentes y experiencia en el sector turístico y hostelero.

Formación académica

Grado en Turismo por la Universidad de Palma de Mallorca

Formación complementaria

Curso de Recepcionista de Hotel: Escuela Profesional de Turismo de Palma de Mallorca.
Curso de Hostelería: Hotel San Lorenzo de Palma de Mallorca.

Experiencia laboral

Recepcionista en la Oficina de Turismo de Palma de Mallorca (marzo 2021 – septiembre 2021).
Camarero en el Hotel Gospel de Magalluf (junio 2019 – agosto 2019)

Idiomas

Español nativo
Inglés nivel avanzado
Francés nivel avanzado

Informática

Word y Excel a nivel de usuario.
Buen dominio de las redes sociales.

RAMONA BALAGUER ESPLIÚ

Avda. Islas Baleares 43, 4º 1ª
07014 Palma
Tel.: 690045296

Formación académica

Técnica Superior en Asistencia a la Dirección.
Técnica Superior en Secretariado.
Formación complementaria
Curso de Secretaría Médica.

Experiencia laboral

2014- 2021. Secretaria de planta en Hospital Vallesol de Palma de Mallorca.
Atención de pacientes, familiares y tramitación de consultas.
Tareas de apoyo en la Secretaría y Recepción del Hospital.
Gestión de llamadas, correos, consultas, facturas y cobros.

Aptitudes

Acostumbrada a tratar con el público.
Trato agradable.
Facilidad de palabra y expresión.
Capacidad de organización.

Informática

Dominio de Office, con manejo de hojas de cálculo Excel y gestión de bases de datos.
Gestión del perfil de la empresa en redes sociales.

Otros conocimientos

Familiarizada con sistemas telefónicos multilíneas.
Documentación y elaboración de informes. Tramitación de cobros y facturas.

Idiomas

Español: nativo
Inglés: nivel B1 (Escuela Oficial de Idiomas)

Hola, Gema.
He leído los currículos que enviaste y creo que ....
.... porque ....
.... y además ....
....
....
Espero haberte ayudado.
Un ....,
....

9 Noticias

A SUCESOS

1 Lee esta noticia y responde a las preguntas.

DOCE CAMPANADAS PARA ROBAR OBRAS DE ARTE
Cuadros y esculturas robadas por una banda de ladrones en Huelva

Trece obras de arte (cuadros y esculturas) han sido robadas del Servicio de Aduanas en Huelva, Andalucía, por una banda de ladrones mientras sonaban las doce campanadas de Nochevieja. Minutos antes de la medianoche unos diez ladrones acudieron encapuchados al edificio de Aduanas, junto al puerto, y aprovecharon la fiesta por el cambio de año para entrar en el edificio donde se almacenaban las obras, que habían sido aprehendidas cuando intentaban atravesar la aduana de forma ilegal.

Los miembros de la banda llegaron en dos vehículos todoterreno, uno de ellos con un remolque para transportar las obras que se llevaron. El edificio de Aduanas no tiene personal de vigilancia y solo cuenta con cámaras de seguridad.

Entre ocho y diez personas participaron en el robo, según la grabación de las cámaras del edificio que han sido analizadas por la policía. En esos momentos no se encontraba presente ningún funcionario, y los investigadores de la Policía se centran en averiguar cómo entraron al edificio los cacos, que actuaron con gran rapidez.

Una vecina avisó a la policía, pero cuando los agentes llegaron al lugar ya no había rastro de la banda. "Llevaban pasamontañas y los veíamos entrar y salir del edificio cargando algo en dos todoterrenos para transportar el botín", relató. "Le dije a mi marido que bajara las persianas porque teníamos mucho miedo".

1 ¿Qué día tuvo lugar el robo?
....
2 ¿A qué hora ocurrió?
....
3 ¿Dónde sucedió?
....
4 ¿Cómo transportaron el material robado?
....
5 ¿Qué se ha descubierto al analizar las grabaciones de las cámaras?
....
6 ¿Pudo ver la vecina la cara de los delincuentes? ¿Por qué?
....

2 Busca en el texto palabras que signifiquen:

1 Personas que roban: ....
2 Capturada: ....
3 Llevar de un sitio a otro: ....
4 Estudiadas detenidamente: ....
5 Coche que se adapta a diferentes superficies: ....
6 Que no está permitido por la ley: ....
7 Persona que trabaja para el Estado: ....
8 Informar: ....

3 🔊22 Escucha las noticias y relaciona cada una con uno de estos titulares.

A Inaugurado en Barcelona el cuarto ordenador más potente del mundo. **Noticia n.°** ☐

B Cuatro ancianas atropelladas en Oviedo. **Noticia n.°** ☐

C Sigue sin conocerse la identidad del ganador del Euromillón. **Noticia n.°** ☐

D Un hombre es atacado por una tigresa del circo. **Noticia n.°** ☐

E Descubren un plan para mejorar la memoria en dos semanas. **Noticia n.°** ☐

4 Reconstruye los titulares con los verbos del recuadro.

> ha sido elegida • fue visitado • fue detenida • ha sido traducido • fueron expuestas
> serán publicados • han sido llevadas • ~~será inaugurada~~ • han sido construidos • será condenado

1. El próximo martes **será inaugurada** la estación de Los Trigales.
2. María del Carmen Bercial .... presidenta de la Asociación de Comerciantes.
3. La secuestradora de mascotas .... cuando llevaba a unos cachorros en su furgoneta.
4. El pueblo de Ávila afectado por las inundaciones .... por el presidente de la Comunidad.
5. Unos nuevos grandes almacenes .... por la empresa Boncausa.
6. El último libro de Valeria Sisón .... al japonés, al chino y a otros tres idiomas.
7. El ladrón de obras de arte .... a tres años de prisión.
8. Las fotografías de Darío González .... en la IV Exposición de Artes Visuales de Málaga.
9. Esta misma semana .... los nombres de los ganadores del Premio Nacional de Literatura.
10. Las dos niñas rescatadas del terremoto .... a un centro de acogida.

5 Construye frases como la del modelo. Puedes consultar el recuadro de gramática de la la pág. 97 del libro.

1. Esta tarde / inaugurar / la nueva fábrica de chocolates.
   Esta tarde será inaugurada la nueva fábrica de chocolates.
2. Ayer / detener / el hombre que robaba en urbanizaciones de Tormellar.
3. La película / rodar / durante el pasado mes de julio.
4. Las joyas de la famosa actriz / subastar / el próximo fin de semana.
5. El museo / construir / en 1967.
6. El mes que viene / presentar / los presupuestos generales del Estado.
7. En el futuro / muchos trabajadores / sustituir / robots o máquinas.
8. La mascota de los próximos Juegos Olímpicos / diseñar / un artista venezolano.
9. Esta semana Ernesto Calderete / elegir / alcalde de Villabuena.
10. El mes pasado / inaugurar / el Parque de los Vientos.
11. El faro del Escobón / diseñar / en los años cincuenta para guiar a los barcos y evitar naufragios.

6 Relaciona estos recortes de periódicos para formar 6 titulares. Hay varias posibilidades.

Un amo de casa • El próximo sábado • AYER • Esta semana • Durante la Segunda Guerra Mundial • han sido clausurados • han sido encontrados • Por robar • una niña de 11 años • UN LADRÓN • por llevarse la moto de un policía municipal • HA SIDO ELEGIDO • Bajo el edificio del Banco de España • fue llevado a prisión • los jardines de La Secana • ha sido detenida • el hombre más sexy del año • será premiada • una anciana • unos valiosos restos arqueológicos • fue asesinado • el premio a la mejor tortilla de patata • serán inaugurados • el ingrediente secreto de una famosa bebida • fue detenida • el presidente del gobierno • Para mascotas • los Juegos Olímpicos • por inventar un novedoso sistema de reciclaje • fueron destruidos

1. Esta semana han sido clausurados los jardines de La Secana.
2. ....
3. ....
4. ....
5. ....
6. ....
7. ....

9

B ¡CÁSATE CONMIGO!

1 Relaciona las dos partes para formar el mensaje en estilo indirecto.

1. Un vecino mío muy mayor me pidió
2. Mi médico me recomienda
3. La profesora nos dijo
4. Este chico siempre me pide
5. El portero te dijo
6. El juez le prohibió
7. Un policía nos aconsejó
8. A Nerea le han recomendado
9. Mis hijos siempre me piden
10. Los de la agencia nos han recomendado

a. que beba más agua.
b. que le ayudara a subir la compra a casa.
c. que le preste dinero.
d. que cerraras la puerta con llave porque hay muchos robos.
e. que le enviáramos el trabajo por mail.
f. que se acercara a menos de 100 metros.
g. que compre estos prismáticos.
h. que no diéramos información sobre nuestras vacaciones.
i. que nos hagamos un seguro antes de viajar.
j. que les cuente un cuento antes de dormir.

2 Completa este cuadro con la forma correcta en subjuntivo.

INFINITIVO	PRESENTE	IMPERFECTO
preguntar	pregunte	preguntara / preguntase
venir	vengáis	vinierais / vinieseis
comer		comiéramos / comiésemos
hacer	hagáis	
ser	sean	
ir	vayan	
querer	queramos	
dormir		durmierais / durmieseis
morir	muera	
poner	pongas	
salir		salieran / saliesen

3 Pasa las siguientes frases a estilo indirecto.

1. Visiten nuestra página web.
   Nos recomendó que visitáramos su página web.
2. Escribid vuestro nombre en el papel.
   La profesora nos pidió ....
3. Nos vemos en tu casa.
   Mi novia me dijo ....
4. Cámbielo por otro artículo.
   La dependienta le aconsejó a Marta ....
5. No vayas solo por el barrio a esas horas.
   Mis padres siempre me dicen ....
6. Prueba este perfume.
   Mi tío me ha dicho ....
7. Quédate a dormir en mi casa.
   Su madre siempre le dice ....
8. Siga todo recto por esta calle.
   El policía le dijo ....
9. No copiéis en los exámenes.
   Mis profesores siempre nos dicen ....

4 Lee y completa el texto.

> Piensa en positivo, tómate las cosas con calma y no te agobies tanto. Escribe una lista de las cosas buenas de tu vida y léela todos los días. Trata de hacer esta tabla de ejercicios de relajación, sal y disfruta del aire libre. Busca algo de tiempo para descansar todos los días. Y pídeme cita si necesitas verme.

¿Qué tal el lunes pasado con tu psicóloga?

A Me ha dicho que (1) .... en positivo, que (2) .... las cosas con calma y que no (3) .... tanto. También que (4) .... una lista de las cosas buenas de mi vida y que (5) .... todos los días. Que (6) .... de hacer una tabla de ejercicios que me ha mandado, que (7) .... y (8) .... del aire libre. Que (9) .... algo de tiempo para descansar todos los días. Y que (10) .... cita si (11) .... verla otra vez.

B Bien, me dijo que (1) .... en positivo, que (2) .... las cosas con calma y que no (3) .... tanto. También que (4) .... una lista de cosas buenas de mi vida y que (5) .... todos los días. Que (6) .... de hacer una tabla de ejercicios que me ha mandado, que (7) .... y (8) .... del aire libre. Que (9) .... algo de tiempo para descansar todos los días. Y que (10) .... cita si (11) .... verla otra vez.

C QUIERO QUE MI CIUDAD ESTÉ BONITA

1 Completa las frases con el verbo en el tiempo adecuado.

1. Te voy a echar mucho de menos. Espero que **vuelvas** pronto. (volver, tú)
2. Deseamos que .... un maravilloso viaje. (tener, vosotros)
3. No quiero que .... moscas en la habitación. (entrar)
4. Nos encantaría que .... este poema en nuestra boda. (leer, tú)
5. Espero .... pronto a mi nuevo nieto. (conocer, yo)
6. A tus hijos les gustaría que .... a la piscina. (llevarlos, tú)
7. Anoche me acosté muy tarde. Necesito .... un poco. (dormir, yo)
8. Me gustaría que alguien .... un rato conmigo. (jugar)
9. ¿Necesitáis que .... a recoger vuestras cosas? (ayudaros, yo)
10. Se ha abrigado bien porque no quiere .... otra vez. (resfriarse, él)

2 En las frases siguientes hay algunos errores, búscalos, márcalos y corrígelos.

1. Espero que Marta poder venir a mi cumpleaños.
   Espero que Marta pueda venir a mi cumpleaños.
2. Los cuadros robados fueron encontrado en un sótano.
3. Mi médico me dijo que haciera más ejercicio.
4. Yo quiero que vuelves pronto a casa para poder hablar contigo.
5. Esa película ha sido rodada en 1963.
6. Preguntaron que si cuándo empezaba el partido.
7. La ganadora será premiado con 800 euros.
8. Necesitas que tú encuentres trabajo.
9. Tu padre pidió que firmas estos papeles.
10. Me ha preguntado que te quedas a cenar.

3 Lee este anuncio publicitario de una ciudad española.

¿Qué esperas de Granada?

Que te enamore con su historia.
Que te sorprendan sus rincones.
Que su gente te haga sentir como en casa.
Que la experiencia sea inolvidable…
Y poder volver.

Ahora escribe tú frases parecidas sobre lo que esperas…

- de un trabajo.
- de un amigo.
- de una persona que cuida de tus hijos.
- de unas vacaciones.
- de un museo.

4 🔊 23 Escucha y subraya las palabras que oigas.

1. poca / boca
2. polo / bolo
3. siembre / siempre
4. vago / pago
5. bar / par
6. tiemblo / tiempo
7. beca / peca
8. vaca / Paca

5 ¿Con 'b' o con 'v'?

1. .....ER....O
2. .....IGOTE
3. .....ASURA
4. ESCRI.....IR
5. HER.....IR
6. IN.....ISI.....LE
7. .....RA.....O
8. .....AR.....A
9. A.....IÓN
10. .....ERTEDERO
11. SER.....IR
12. ACA.....AR
13. IM.....ÉCIL
14. SA.....ER

10 Tiempo de vacaciones

A DE VIAJE

1 Lee el texto sobre los aeropuertos y elige la respuesta adecuada.

El viaje empieza EN TIERRA

Para ser un lugar donde tantas personas pasan tanto tiempo juntas, los aeropuertos pueden ser sitios bastante aburridos. Miles de horas acumuladas haciendo cola, esperando el equipaje o, simplemente, desorientados por la falta de información sobre el vuelo pueden hacernos perder la paciencia. Por eso, algunos aeropuertos ofrecen sorprendentes opciones de ocio para hacer más amena la espera. Masajes, saunas y hasta actuaciones intentan hacer más llevadera la estancia.

Cada aeropuerto exprime al máximo sus recursos con el fin de ofrecer el menú de ocio más original. En la Terminal 4 de Barajas (Madrid), por ejemplo, los centros Elysium ofrecen (previo pago) a los pasajeros servicios de spa, belleza y peluquería. A esto se suman los más de 100 establecimientos comerciales actuales, treinta restaurantes diferentes, dos centros de masajes, siete salas vip y la tecnología para conectarse desde el ordenador a internet a alta velocidad.

Los dos aeropuertos españoles más transitados, Barajas y El Prat (Barcelona), son también los que más iniciativas realizan para intentar llenar los ratos de ocio. Ambos han acogido, por ejemplo, espectáculos de mimo, monólogos en directo o incluso un festival de cortometrajes en aeropuertos.

El atractivo comercial de un aeropuerto también hace la espera más agradable. Para Escarlata Loncán, las tiendas son decisivas: "No paro de volar durante todo el año. Por eso aprovecho para hacer cosas personales. Muchas veces incluso compro los regalos de Navidad en el aeropuerto. En Singapur, por ejemplo, la oferta es infinita, hay más de mil tiendas". Y es que Singapur es uno de los aeropuertos más espectaculares del mundo: gimnasios, salas de relajación y de cine, jardines y unas excelentes instalaciones, además de un servicio exquisito, lo convierten prácticamente en un parque temático.

Algo parecido, aunque en menor escala, sucede en otros aeropuertos: el de Frankfurt (Alemania), uno de los principales centros de escalas europeos, cuenta, entre otros servicios, con la posibilidad de contratar habitaciones por horas y cuartos de baño o duchas.

La oferta de muchos recintos se multiplica en Navidad: los pasillos del aeropuerto de Copenhague (Dinamarca), vestidos de gala, se llenan de puestecillos en forma de mercado. La banda sonora está a cargo de un pianista que interpreta en directo canciones típicas.

Actualidad Económica

1 Según el texto, los aeropuertos ofrecen opciones de ocio para…
- a ☐ conseguir un dinero extra.
- b ☐ que la gente no se aburra mientras espera.
- c ☐ los pasajeros se conozcan.

2 La T4 de Barajas tiene…
- a ☐ una sala para hacer yoga.
- b ☐ 30 restaurantes.
- c ☐ un gimnasio.

3 ¿Cómo aprovecha el tiempo en los aeropuertos Escarlata Loncán?
- a ☐ Haciendo compras.
- b ☐ Estableciendo relaciones personales.
- c ☐ Resolviendo problemas del trabajo.

4 ¿En qué aeropuertos se puede ver cine según el texto?
- a ☐ Solo en el de Singapur.
- b ☐ Copenhague, Singapur y Frankfurt.
- c ☐ Barajas, El Prat y Singapur.

5 ¿En qué aeropuerto puedes hacer deporte?
- a ☐ En el de El Prat.
- b ☐ En el de Singapur.
- c ☐ En el de Frankfurt.

6 ¿En qué aeropuerto puedes ducharte?
- a ☐ En ningún aeropuerto.
- b ☐ En el de Copenhague.
- c ☐ En el de Frankfurt.

7 ¿En qué época del año podemos visitar los puestos del aeropuerto de Copenhague mientras escuchamos música en directo?
- a ☐ En invierno.
- b ☐ Durante las fiestas navideñas.
- c ☐ En Semana Santa.

2 Construye correctamente las siguientes frases.

1. Quizás (salir, yo) de viaje durante esta semana.
Quizás salga de viaje durante esta semana.
2. Seguramente (conseguir, tú) arreglar mi ordenador.
....
3. A lo mejor no (poder, nosotros) ir de excursión, seguramente (llover).
....
4. Probablemente ya no (quedar) plazas para el curso de fotografía.
....
5. Quizás hoy (volver, vosotras) antes de medianoche.
....
6. No cogen el teléfono, a lo mejor (estar, ellos) ocupados.
....
7. Seguramente (levantarnos) temprano mañana.

3 Intenta explicar estas situaciones haciendo conjeturas. Utiliza *a lo mejor, seguramente, probablemente* y *quizás*.

1 Es tu cumpleaños. Llegas a casa y no hay nadie para recibirte.
- *Están todos escondidos porque te han preparado una fiesta sorpresa*
Seguramente están todos escondidos porque me han preparado una fiesta sorpresa.
- *Te están esperando en algún sitio para celebrarlo contigo.*
....
- *Nadie recuerda tu cumpleaños.*
....

2 Tu móvil no se enciende.
- *Ya no funciona.*
....
- *Está sin batería.*
....

3 Tu pareja ha preparado una sopa, pero no está muy buena.
- *Tiene demasiadas especias.*
....
- *Solo le falta sal.*
....
- *Lleva algún ingrediente extraño.*
....

4 Tu pájaro ha dejado de cantar y parece triste y cansado.
- *Necesita vitaminas.*
....
- *Está enfermo.*
....
- *Se siente solo.*
....

5 Abres la nevera y algo huele muy mal.
- *Es el queso que compraste.*
....
- *Hay algún alimento estropeado.*
....
- *La nevera está averiada.*
....

6 Un chico se pone a gritar en el autobús.
- *Le duele algo.*
....
- *Está un poco loco.*
....
- *Alguien le estaba robando.*
....

10

B ALOJAMIENTOS

1 Completa los textos con las palabras del recuadro.

> restaurante • wifi • parque natural • niños • habitaciones • hotel • menú • piscina
> senderismo • bien equipada • playa • artículos de aseo • gimnasio • servicios • jardín

Situado a unos 50 metros de la (1) playa de Gandía, el (2) .... RH Bayren Parc es ideal para disfrutar del mar. Cuenta con una cafetería y un (3) .... donde podrá degustar nuestra exquisita cocina valenciana y un variado (4) .... de cocina nacional e internacional. Disponemos de una amplia oferta de (5) .... luminosas, confortables, totalmente equipadas con todos los (6) .... propios de un alojamiento de su categoría. En verano, podrá usted refrescarse en nuestra (7) .... que cuenta también con zona para (8) .... con tobogán. Entre nuestras instalaciones disponemos de un espacio *wellness* con sauna, hidromasaje y (9) .... equipado con máquinas y aparatos.

Los apartamentos Las Fuentes se encuentran en Peralejos de las Truchas, cerca del (10) .... del Alto Tajo y ofrecen alojamiento con balcón, terraza y conexión (11) .... gratuita. Cada apartamento cuenta además con sofá, zona de estar, TV, cocina (12) .... con zona de comedor y baño privado con (13) .... gratuitos. Los huéspedes podrán practicar (14) .... y pesca en los alrededores o aprovechar al máximo el (15) ....

2 Ordena las frases para formar tres diálogos en la recepción de un hotel.

- ¿Sería tan amable de darnos otra llave para la habitación? Esta no funciona bien.
- Sí, claro. Aquí tienen uno.
- Por supuesto… Enseguida les espera en la puerta.
- Disculpe, ¿podría pedir un taxi, por favor?
- ¿Sería tan amable de prestarnos un paraguas, por favor?
- Por supuesto, enseguida le entregamos una.

1 A ....
   B ....
2 A ....
   B ....
3 A ....
   B ....

3 Completa los diálogos.

1 En la recepción de un hotel
   A ¿................ de darnos algún folleto con las actividades culturales de la ciudad?
   B .... que .... Aquí tienen.
2 Hablando con un compañero de trabajo
   A ¿Te .... prestarme tu móvil?
   B ...., pero estoy sin batería.
3 En un restaurante elegante
   A ¿................ traernos otra botella de este vino?
   B ...., ahora ....

4 Completa para formar palabras relacionadas con los servicios de un hotel.

1 S_R_ICI_ DE H_BI_A_ION_S
2 A_AR_AMI_NT_
3 M_NI_AR
4 A__E A_ON_IC_O__DO

5 🔊24 Completa las conversaciones. Luego, escucha y comprueba.

1 A Servicio de habitaciones, ¿dígame?
   B ¿................?
   A Por supuesto. ¿Qué desean cenar los señores?
   B ....
   A ¿Y de bebida?
   B ....
   A ¿Tomarán algún postre?
   B ....
   A Gracias, señor. Enseguida les llevarán la cena.
2 A Perdone, ¿podría abrir la ventanilla?
   B ....
   A Gracias.
3 A Divertours, ¿dígame?
   B ¿................?
   A Lo siento, pero todas las plazas están cubiertas.

C HISTORIAS DE VIAJES

1 ¿Qué tiempo hace? Describe las imágenes con las expresiones del recuadro.

> hace • hay • está • ha salido el... • nevando • nublado • frío
> sol • buen tiempo • arcoíris • niebla • mucho viento • lloviendo

1 .... 2 .... 3 .... 4 ....

5 .... 6 .... 7 .... 8 ....

2 🔊25 Escucha el parte meteorológico y completa con las palabras que faltan.

> Hoy tendremos (1)............ y (2)............ en prácticamente todo el norte de la Península, mientras que en el centro se esperan cielos (3)............ y (4)............ moderado.
> En el sur, se alternarán los ratos de (5)............ y los ratos de (6)............, con un ligero ascenso de las (7)............ durante el día.

3 ¿Qué crees que le pasó a Federico en su último viaje? Intenta ordenar las viñetas para reconstruir la historia.

A ☐   B ☐   C ☐   D ☐

E ☐   F ☐

4 🔊26 Ahora escucha y comprueba.

cincuenta y uno **51**

PROCESOS Y ESTRATEGIAS 5 — UNIDADES 9 Y 10

VOCABULARIO

1 Completa la tabla con las palabras del recuadro. ¿Puedes añadir más?

> un libro • una exposición • a un delincuente • unas fotos • a unos ladrones • los resultados del concurso • una noticia • un museo • un centro cultural

INAUGURAR	DETENER	PUBLICAR
una exposición		

ESCUCHAR

2 🔊27 Daniela se va de viaje unos días. Escucha la conversación y rellena el formulario de la web de los Apartamentos Flores, según sus necesidades.

Apartamentos Las flores

Fecha de entrada: ....
Fecha de salida: ....

ABRIL

Señale con una X
el apartamento que desea.

Apartamento ROSA ☐
Apartamento con balcón
Hasta 6 personas
Dormitorio 1: 1 cama doble
Dormitorio 2: 1 cama doble
Dormitorio 3: 2 camas individuales

Apartamento CLAVEL ☐
Hasta 4 personas
Dormitorio 1: 1 cama doble
Dormitorio 2: 1 cama doble

Apartamento MARGARITA ☐
Hasta 4 personas
Dormitorio 1: 2 camas individuales
Sala de estar: 2 sofás cama.

¿Viajas con mascotas?
   SÍ ☐   NO ☐
Es un viaje de:
   Trabajo ☐   Placer ☐

MEDIACIÓN ORAL

3 Te vas de acampada por primera vez con unos amigos, y Nicolás, tu compañero de piso, te ha dado algunos consejos. Cuéntaselo a tus compañeros.

> Haced una lista de todo lo que necesitáis. Comprobad bien los equipos. Buscad un camping que tenga buenas instalaciones. Informaos de las normas del campamento. Calculad bien la cantidad de agua y comida. Y llevad ropa suficiente, que este fin de semana va a hacer frío.

Nicolás nos ha aconsejado que ....
.... Y también nos ha recomendado que ....
....

4 ¿Qué dices en estas situaciones? Con un compañero, reacciona usando *querer, esperar, necesitar* y *me gustaría que*.

1. Le das un regalo a tu hermana.
 Espero que te guste.
2. Se te ha estropeado el ordenador y tienes que usarlo. Tu compañero de piso puede prestarte el suyo.
3. Mañana has invitado a todos a una barbacoa en el jardín, pero no sabes si lloverá.
4. Estás estudiando para un examen, pero tus vecinos han puesto la música muy alta.
5. Tu hija lleva dos horas jugando a videojuegos y tiene que hacer los deberes.

LEER

5 Estás en un país de habla hispana y un familiar va a venir a pasar una semana en tu ciudad. Te ha pedido que busques un alojamiento adecuado para él y su familia teniendo en cuenta la siguiente información.

- Tu familiar viene con su mujer, sus tres hijos de 7, 11 y 16 años y su perro.
- Quieren estar en un lugar confortable y bien comunicado, pero lejos del ruido de la ciudad.
- Sobre todo buscan un lugar donde dormir y poder moverse libremente para salir, ver la ciudad y visitar lugares.

Aquí tienes algunas propuestas:

HOTEL MARIBEL

* Situado en uno de los barrios más céntricos de la ciudad, este hotel le ofrece una cómoda estancia con todos los servicios de un alojamiento de su categoría.
* Destacan su restaurante buffet y sushi bar.
* Se admiten mascotas pagando un suplemento de 10 euros por noche.
* Habitación doble con cama de matrimonio y dos camas individuales: 40 euros por persona y noche. Desayuno incluido.

APARTAMENTOS LARA

* Bonitos, confortables y luminosos apartamentos para 2, 4 o 6 personas en un barrio tranquilo, pero lleno de zonas verdes, comercios y propuestas de ocio.
* Situados cerca de varias paradas de autobús, metro y taxi.
* Ideal para familias, cuentan todos con terraza y acceso a piscina y jardín comunes.
* Y, por supuesto, los perros son bienvenidos sin cargo extra.
* Hasta cuatro personas.
* Precio: 30 euros por persona y noche.

HOTEL LA ESTRELLA

* A solo 50 km de la ciudad, el hotel La Estrella te ofrece relax y diversión en un entorno saludable cerca de la montaña.
* Cuenta con todos los servicios necesarios, además de *spa* con jacuzzi, piscina cubierta para adultos y niños, gimnasio y parque infantil.
* Destaca su equipo de animación, que organiza actividades para niños y adultos durante todo el año.
* Se admiten mascotas
* Adultos: 36 euros/noche
* Niños hasta 16 años: 25 euros/noche.

ESCRIBIR

6 Escribe un correo a tu familiar y cuéntale qué opciones de alojamiento tiene y cuál de ellas le recomiendas tú.

Hola, ...
¿..............................? Yo muy bien, muy contenta de que vengáis por aquí. He estado mirando distintos alojamientos y hay varios que os pueden interesar. Por ejemplo, el hotel Maribel a mí me parece ...., porque .... y además .... También podéis alojaros en .... porque .... y yo creo que ....
Pero yo os recomiendo sobre todo ...., porque ....
Espero ....
Un ....,
....

ESTRATEGIAS

Para hacer una mediación:
1. Haz una lista de la información que quieres conseguir.
2. Busca los datos concretos que interesan a la persona a la que escribes o hablas. Así, si hay varias opciones, puedes comparar unas con otras.
3. Organiza esa información con claridad y explícala con tus propias palabras.

11 Tiempo de compras

A EN EL MERCADILLO

1 Completa los diálogos con el siguiente vocabulario.

> cuesta • tarjeta • talla • probar • par • caro
> rebajar • envolver • efectivo

(EN UNA JOYERÍA)

A Me llevo este anillo.
B ¿Efectivo o (1) ....?
A Efectivo. ¿Me lo puede (2) .... para regalo?
B Sí, claro.

(EN EL MERCADILLO)

A ¿Cuánto (3) .... este vestido?
B 30 euros.
A ¿Me lo puedo (4) ....?
B Sí, sí, claro.
A No sé, creo que me queda un poco grande. ¿Lo tiene en una (5) .... más pequeña?
B No, es talla única. Pero te queda muy bien así.
A No sé, 30 euros me parece un poco (6) ....
B Si te gusta, te lo puedo (7) .... un poco. Te lo dejo en 25.
A Vale, gracias, me lo llevo. Aquí tiene mi tarjeta.
B Lo siento, solo aceptamos pago en (8) ....

(EN UNA ZAPATERÍA)

A Oiga, ¿estos zapatos los tienen en un 38?
B No, lo siento, solo nos queda este (9) ....

2 Escribe frases siguiendo el modelo.

1 Comprar / tú / a tu hijo / esta camiseta.
  Cómprasela.
2 Llevar / usted / a ella / este traje.
  ....
3 Preparar / tú / a ellas / dos cafés.
  ....
4 Envolver / usted / a mí / el reloj.
  ....
5 Regalar / tú / a ella / los pendientes.
  ....
6 Enseñar / usted / a nosotros / otro modelo.
  ....
7 Dar / a él / otra talla.
  ....
8 Pasar / tú / el cuaderno / a Ana.
  ....
9 Prestar / vosotras / a nosotros / esas películas.
  ....

3 Escribe frases siguiendo el modelo.

1 ¿Podrías pasarle la sal a Juan?
  ¿Podrías pasársela? / ¿Se la podrías pasar?
2 ¿Podría enseñar esos zapatos a mi hijo?
  ....
3 ¿Podría repararme el móvil?
  ....
4 ¿Podría traernos otra talla?
  ....
5 ¿Podrías cambiarte esta falda por otra?
  ....
6 ¿Podría cobrarme estas prendas?
  ....
7 ¿Podrías prepararles unos pasteles para mañana?
  ....

4 Responde a las preguntas utilizando pronombres.

1 ¿Me has traído las patatas?
   Sí, te las he traído.
2 ¿Has dado ya el libro a tu primo?
3 ¿Has tirado la basura?
4 ¿Has preguntado eso a tus amigos?
5 ¿Has telefoneado a Juana?
6 ¿Nos has enviado las invitaciones?
7 ¿Has felicitado al tío Fernando?
8 ¿Me has preparado el desayuno?
9 ¿Te has llevado los dulces?
10 ¿Has contado tus problemas a Laura?

5 Adivina de qué se habla.

1 Los hay de tacón o planos, pero siempre te los pones en los pies. **Los zapatos**
2 Me los pongo en las orejas para estar más guapa.
3 Mi marido se la pone alrededor del cuello para ir bien vestido a la oficina.
4 Nos los ponemos en las piernas. Pueden ser largos o cortos.
5 Mi hermana se puso uno elegantísimo, largo, negro y de tirantes, el día de mi boda.
6 Me la pongo cuando hace frío, para abrigarme la garganta.
7 Lo usamos para hacer deporte o para estar cómodos.
8 Se usa para guardar cosas en los pantalones o en la chaqueta.
9 En invierno me pongo uno de lana en la cabeza.
10 Me lo pongo para que no se me caiga el pantalón.

B ¡ME ENCANTA IR DE COMPRAS!

1 🔊28 Escucha al comentarista de la radio hablando sobre diferentes páginas de internet y elige la opción correcta.

1 La página *La huerta en casa*
   a ☐ vende todo tipo de productos.
   b ☐ tiene precios más baratos estos días.
   c ☐ no te sirve los productos en tu casa.

2 ¿Qué dice el comentarista sobre los regalos de la página *Experiencias*?
   a ☐ No hay muchas ideas diferentes.
   b ☐ Puede ser difícil elegir un regalo.
   c ☐ Solo la persona que hace el regalo puede elegir.

3 En la página *Teleocio* puedes
   a ☐ comprar solo entradas para conciertos.
   b ☐ comprar entradas sin coste adicional.
   c ☐ consultar la cartelera de espectáculos.

4 En la página *Al límite* puedes
   a ☐ contratar un viaje para toda la familia.
   b ☐ contratar un viaje de aventuras en Europa.
   c ☐ contratar un viaje en cualquier continente.

2 Completa con las palabras del recuadro (sobran tres).

súper • lista • ticket • cajera • precios • cola
bolsa • factura • dinero • ofertas • cajas • carro

PAUTAS para convertirte en el perfecto comprador

1 Haz una **lista** con lo que necesitas. Es un hecho: el 70 % de lo que compramos no está planificado.
2 Nunca vayas al .... con hambre, puede ser tu perdición, y es probable que te apetezca comprarlo todo.
3 Atento a las .... Compara las marcas y los ...., verás cómo tu .... es menor de lo que tú pensabas.
4 Conserva siempre el .... de compra, ya que es imprescindible para cualquier devolución.
5 Evita las horas de aglomeración. El agobio puede hacerte echar productos al .... que no sean los más adecuados.
6 Si estás esperando en la .... para pagar, mantén las manos en el carro y no compres ninguna de las pequeñas tentaciones que se amontonan alrededor de las ....

3 Lee el texto y elige la opción correcta.

Mi hija, *mi influencer*

¿Sigues a alguien con frecuencia en las redes? ¿Te gusta ver cómo viste y copiar su estilo? Dos madres y sus hijas nos hablan del fenómeno *influencer*.

Silvia, madre de Inés Fernández, es directora de comunicación de una firma de moda. "Sigo a unas 250 *influencers*, pero solo por razones de trabajo. Por mi profesión, tengo que conocer las tendencias de la moda actual, pero en realidad, para mi vida diaria, cuando miro los perfiles de estas personas solo tomo nota de algún restaurante o destino de viaje especial". Su hija Inés opina lo mismo: "me aburre un poco la vida de los demás, y la verdad es que las *influencers* me parecen todas iguales. Solo de vez en cuando tomo ideas para algún look". "Mi madre tiene un estilo simple y elegante, y eso es lo que más me gusta de su imagen, de hecho, a veces le tomo prestados ropa y bolsos cuando voy a salir". Lo único que cambiaría de su madre son las gafas que usa para leer: "te hacen muy mayor, mamá". Por su parte, Silvia dice que lo que más le gusta del estilo de su hija son las cosas más modernas y atrevidas: "su estilo me anima a ser menos clásica". Pero no solo comparten ropa: gracias a Inés, Silvia se enteró de quiénes eran los Jonas Brothers, y ella, que es más rockera, está orgullosa de que su hija escuche las canciones de Patti Smith.

El caso de Jimena es diferente: aunque mucha gente está en contra de las *influencers*, a ella le encantan. "Yo decido comprarme algo porque se lo veo a una persona real con la que me identifico: me gusta el bolso que lleva esa chica y, como es igual que yo y le queda bien, pienso que también me va a quedar bien a mí". Jimena sigue a personalidades *online* como Alexandra Pereira, Carlota Bruna o Gala González. Su madre, Charo, dice que a ella las *influencers* no le interesan, pero madre e hija cogen ropa del armario de la otra. "Al final –dice Charo riendo–, mi hija es mi mayor *influencer*".

Adaptado de Mujer Hoy (Guillermo Espinosa)

1 Silvia se dedica a…
  a ☐ diseñar ropa.
  b ☐ el mundo de la moda.
  c ☐ ser *influencer*.

2 Silvia sigue a muchas *influencers* porque…
  a ☐ le divierte.
  b ☐ quiere vestir siempre a la moda.
  c ☐ necesita estar bien informada para hacer bien su trabajo.

3 En ocasiones, Silvia…
  a ☐ encuentra buenas ideas para salir a comer o viajar en los perfiles de las *influencers*.
  b ☐ copia el look de estas personas para ir bien vestida al trabajo.
  c ☐ recomienda a su hija ser *influencer*.

4 A Inés…
  a ☐ le aburre seguir a las *influencers*, solo a veces toma nota de algunas de sus ideas.
  b ☐ le encanta copiar las tendencias de estas personas.
  c ☐ le interesa seguir la vida de los demás.

5 A Inés le gusta…
  a ☐ todo lo que lleva su madre.
  b ☐ el estilo de su madre.
  c ☐ el trabajo de su madre.

6 A veces, Inés y su madre…
  a ☐ comparten música.
  b ☐ se van juntas de compras.
  c ☐ se pelean por un bolso.

7 A Charo y a Jimena…
  a ☐ les interesan las *influencers*.
  b ☐ les gusta compartir la ropa.
  c ☐ personas como Alexandra Pereira, Carlota Bruna o Gala González les parecen un modelo y las siguen.

4 Completa con *poco*, *un poco*, o *un poco de*.

1 Me gustan estos pantalones, pero son .... estrechos.
2 Voy a abrir la ventana, hace .... calor.
3 Voy a comer algo rápido, tengo .... tiempo.
4 Los zapatos son caros y son .... prácticos
5 Este pescado estaría más rico con .... salsa.
6 ¿Me podrías dar .... sal?
7 Estás muy delgado, creo que comes ....
8 Juan es buena persona, pero es .... hablador.
9 Mi hijo está creciendo mucho, este jersey ya le queda .... pequeño.

5 Completa con *poco/-a/-os/-as*, *mucho/-a/-os/-as*, *bastante/-s*.

1 Quedan **pocos** huevos, voy a comprar más.
2 Es un actor excelente, ha ganado .... premios.
3 Han venido .... personas a la fiesta, pero más tarde vendrán más.
4 Yo cocino con .... sal porque soy hipertenso.
5 He cogido .... setas, ¿quieres algunas?
6 Mi hijo estudia ...., pero podría estudiar más.
7 Me he divertido .... hoy en en tu fiesta.
8 No eches más azúcar, ya tiene ....
9 Tengo .... platos, pero necesito más vasos.

6 Completa con *bastante/-s* o *demasiado/-a/-os/-as*

1 No voy a comprar esta chaqueta, es **demasiado** cara.
2 Vámonos de esta tienda, está .... llena.
3 Tienes .... juguetes, tienes que regalar algunos.
4 ¡Qué bien! Esta semana han venido .... clientes a la tienda.
5 Ya has jugado .... a la consola, ¿por qué no lees un poco?
6 Es .... tarde para ir al parque, tienes que irte a dormir.
7 No es bueno comer .... carne.
8 He comido .... salchichas y ahora me encuentro mal.
9 Fran sigue en el hospital, pero ya está .... mejor.
10 Te duelen las muelas porque tomas .... dulces.

C COMERCIO JUSTO

1 ¿Con artículo o sin artículo? Subraya la frase correcta.

1 a Tengo insomnio.
  b Tengo un insomnio.
2 a Mi padre es electricista.
  b Mi padre es un electricista.
3 a Tu sobrina juega muy bien tenis.
  b Tu sobrina juega muy bien al tenis.
4 a Vinieron solo dos chicos: Javier y Daniel.
  b Vinieron solo unos dos chicos: Javier y Daniel.
5 a Paula no ha venido: está fatal por el dolor de cabeza.
  b Paula no ha venido: está fatal por dolor de cabeza.
6 a ¿Tocas violín?
  b ¿Tocas el violín?
7 a ¿Cuál de ellas es Luisa?
  b ¿Cuál de ellas es la Luisa?
8 a Luisa es la del vestido de flores.
  b Luisa es del vestido de flores.

2 Selecciona la opción correcta (Ø significa "sin artículo").

1 Me encanta (la / una / Ø) bachata.
2 He visto a (el / un / Ø) actor famoso.
3 Hay (la / una / Ø) señora esperándote en el salón.
4 Enrique es (el / un / Ø) más listo de la clase.
5 ¿Vas a ir a (la / una / Ø) reunión de mañana?
6 A Sofía no le gustan (los / unos / Ø) espárragos.
7 (Lo / Un / Ø) mejor es ir a ese pueblo en julio.
8 Yolanda se ha comprado (el / un / Ø) pañuelo muy bonito.
9 ¿Cuánta (la / una / Ø) mantequilla echo?

3 En la primera parte de este texto faltan algunos artículos. Escríbelos tú y disfruta de este cuento.

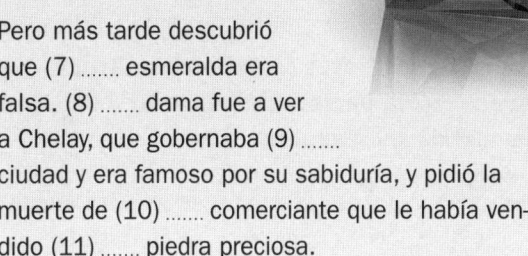

Había (1) una vez (2) ...... dama en Bagdad a la que le gustaban muchísimo (3) ...... joyas. (4) ...... día le compró a (5) ...... comerciante (6) ...... preciosa esmeralda.

Pero más tarde descubrió que (7) ...... esmeralda era falsa. (8) ...... dama fue a ver a Chelay, que gobernaba (9) ...... ciudad y era famoso por su sabiduría, y pidió la muerte de (10) ...... comerciante que le había vendido (11) ...... piedra preciosa.

Entonces, Chelay condenó (12) ...... comerciante a ser comido por los leones en un foso. (13) ...... día del castigo, (14) ...... dama, desde un mirador, contemplaba al pobre hombre, tembloroso y envejecido por la angustia.

Pero la sonrisa de la dama se convirtió en un grito de ira: el sótano se había abierto y, en vez de leones, habían salido dos gatos ridículos. Avanzaban tranquilamente, olfateaban con indiferencia al pobre comerciante, que se había desmayado y, al final, saltaron ágilmente fuera del foso.

La dama, furiosa, pidió explicaciones a Chelay.
–¿De qué te quejas? –le dijo él–. La ley manda exigir ojo por ojo, diente por diente. El comerciante te engañó; nosotros hemos engañado al comerciante. Su diamante era falso, nuestros leones también: estamos en paz.

Marius Torres

12 Fiestas y tradiciones

A 7 DE JULIO, SAN FERMÍN

1 🔊 29 Escucha a unas personas que hablan de algunas fiestas de países hispanos. Relaciona sus comentarios con las imágenes.

☐ Feria de Alasitas (Bolivia) ☐ Carnaval de Arequipa (Perú) ☐ Fiesta de las Flores, Medellín (Colombia) ☐ Día de Muertos (México)

2 Completa las frases con el pronombre *se* + verbo en tercera persona del singular o del plural de los verbos del recuadro.

> fabricar • poder • ~~celebrar~~ • desayunar • cenar
> hablar • vive • consumir • salir • saludar

1 En España **se celebran** fiestas muy originales como las Fallas en Valencia, San Fermín en Pamplona, la Feria de Abril en Sevilla...
2 En la actualidad .... pocos juguetes tradicionales.
3 En la mayoría de los bares .... muy alto.
4 En muchas partes de España en Nochebuena .... cordero asado.
5 La gente joven .... con dos besos, uno en cada mejilla.
6 Yo creo que en España .... de noche más que en otros países.
7 En algunas cafeterías .... entrar con mascotas.
8 En muchos hogares españoles .... churros los domingos por la mañana.
9 Las últimas encuestas indican que en España no .... suficiente fruta.
10 En el campo .... con mayor tranquilidad que en la ciudad.

3 Transforma las siguientes afirmaciones en frases con *se*, como en el ejemplo:

1 En algunos colegios los alumnos llevan uniforme.
   En algunos colegios se lleva uniforme.
2 Los conductores en Inglaterra conducen por la izquierda.
   ....
3 Los trabajadores en España trabajan 40 horas a la semana.
   ....
4 Las pastelerías venden buñuelos el día de los Santos.
   ....
5 En mi país no celebramos la Navidad.
   ....
6 En mi casa los domingos comemos paella.
   ....
7 En esta tienda venden leche fresca.
   ....
8 En ese hotel el personal habla inglés y francés.
   ....
9 Los diputados aprobarán la ley el próximo martes.
   ....
10 Los agricultores recogen la uva en el mes de septiembre.
   ....
11 Las autoridades municipales construirán un nuevo colegio en mi barrio.
   ....

4 Lee el texto sobre las fiestas de San Fermín y contesta a las preguntas.

1 ¿Con qué frecuencia se celebran los sanfermines?
....
2 ¿Qué es el chupinazo?
....
3 ¿Cuánto duran las fiestas?
....
4 ¿Qué es el *Pobre de mí*?
....
5 ¿Qué se hace en los encierros?
....
6 ¿Desde cuando se celebran las corridas de toros en las fiestas de San Fermín?
....
7 ¿A través de qué obra literaria se hicieron famosos internacionalmente los sanfermines?
....
8 ¿Cuántos turistas suelen asistir a San Fermín?
....
9 ¿Te gustaría ir a Pamplona en San Fermín?
....

Los sanfermines

Las fiestas de San Fermín o sanfermines son unas fiestas en honor a San Fermín, que se celebra todos los años en la ciudad española de Pamplona. Los festejos comienzan con el lanzamiento de un cohete (chupinazo) desde el balcón del Ayuntamiento a las doce del mediodía del 6 de julio y terminan a las doce de la noche del 14 de julio. Este último día se canta una canción de despedida que se llama *Pobre de mí*.

El momento más importante de los sanfermines es el encierro, en el que los participantes corren delante de los toros un recorrido de 849 metros hasta llegar a la plaza de toros. Los encierros tienen lugar todos los días entre el 7 y el 14 de julio y comienzan a las ocho de la mañana, con una duración media de dos o tres minutos.

Tres celebraciones independientes están en el origen de la fiesta de San Fermín: los actos religiosos, desde antes del siglo XII, las ferias comerciales y las corridas de toros, documentadas desde el siglo XIV.

El escritor estadounidense Ernest Hemingway fue uno de los que contribuyeron a propagarlos mediante su libro *Fiesta*. Están considerados como una de las mejores celebraciones del mundo. La población de Pamplona durante esta semana de fiestas pasa de 190 000 habitantes a más de 1 000 000 de personas.

B ¿QUIERES VENIR A MI CASA EN NAVIDAD?

1 Unos amigos han invitado a Gema a la cena de Nochebuena. Lee y ordena la siguiente conversación telefónica.

NEREA:	No, no te preocupes. Ya hago yo el postre.	☐
GEMA:	Sí, soy yo.	☐
NEREA:	Hola, soy Nerea. ¿Qué tal estás?	☐
GEMA:	Por supuesto. ¿Quieres que lleve también algún postre?	☐
GEMA:	Muy bien. Y vosotros, ¿cómo estáis?	☐
NEREA:	¿Gema?	1
GEMA:	¡Ah, vale, estupendo! Estaré en vuestra casa a las ocho. ¿Os viene bien?	☐
NEREA:	Estupendamente. Mira, queríamos pedirte un favor: ¿podrías traer tú una botella de vino tinto para la cena?	☐
NEREA:	Sí, perfecto. Gracias, hasta luego.	☐

2 🔊 30 A continuación vas a escuchar un programa de radio en el que hablan de cómo se celebra la Navidad en diferentes países. Escucha la grabación y completa las frases con la información.

1 En España, las calles <u>se iluminan</u> con luces de colores.
2 En España, para celebrar la despedida del año .... las doce uvas al son de las campanas.
3 En Bélgica, después de la comida de Navidad ....
4 En Finlandia .... banderitas de los distintos países en el árbol de Navidad.
5 En Italia, la última noche del año ....
6 A las mujeres italianas .... lencería de color rojo, como símbolo de buena suerte para el año nuevo.
7 En Irlanda, ... a la entrada de la casa.
8 En Letonia .... antes de recoger los regalos de Navidad.
9 En Australia y en el hemisferio sur, la Navidad .... durante el verano.

3 ¿Qué dirías en cada una de las siguientes situaciones?

Quieres pedir prestado el móvil a tu amiga para llamar a casa.
....
....

Quieres comprar dos entradas de cine para la sesión de las siete.
....
....

Necesitas que alguien te ayude a llevar una caja muy pesada.
....
....

Te ofreces para ayudar a una señora a bajar el carrito de su bebé por unas escaleras.
....
....
....
....

Le pides a tu compañero de viaje en autocar que baje el volumen de la música que va escuchando.
....
....
....
....

C GENTE

1 Transforma las siguientes frases como en el ejemplo.

1 Soy una lectora rápida.
   Leo rápidamente.
2 Mi suegro es un cocinero estupendo.
   ....
3 Esa cantante es muy dulce.
   ....
4 Este vecino trata a los niños con amabilidad.
   ....
5 Ese actor viste una ropa muy elegante.
   ....
6 El bebé duerme con tranquilidad.
   ....
7 La profesora explica con claridad.
   ....
8 El alumno hizo los ejercicios con corrección.
   ....
9 Marisa habla francés con perfección.
   ....
10 Mi hija aprende con facilidad.
   ....

2 Elige la respuesta correcta.

1 Elena es una trabajadora muy **cuidadosa**.
   a cuidadosa   b cuidado   c cuidadosamente
2 Mis vecinos siempre me hablan ....
   a educados   b educación   c educadamente
3 Juan esquía ....
   a bueno   b bien   c muy bueno
4 Hugo y Yolanda resolvieron sus problemas ....
   a amistosos   b amistad   c amistosamente
5 Ese restaurante es el .... que conozco.
   a malo   b peor   c malamente
6 Sandra ve muy ...., necesita unas gafas.
   a malo   b mal   c peor
7 Los niños se han portado ....
   a estupendos   b estupendo   c estupendamente
8 Estas zapatillas son .... para andar por la ciudad.
   a perfectas   b perfectos   c perfectamente
9 Él esperó ....
   a paciencia   b paciente   c pacientemente
10 Tus notas son las .... de la clase.
   a buenas   b mejores   c muy buenas

3 Escribe las preguntas sobre las palabras subrayadas.

1 ¿Cómo conduce el amigo de Manuel?
El amigo de Manuel conduce muy deprisa.
2 ....
Voy a la piscina con frecuencia.
3 ....
El amigo de Ramón vive cerca.
4 ....
Mis primos no tienen ninguno.
5 ....
Alfredo escribe muy bien.
6 ....
Elena nunca ha estado en España.
7 ....
Entró en casa silenciosamente.
8 ....
Alicia resuelve mal los problemas.
9 ....
Nunca compro periódicos deportivos.
10 ....
Estoy muy bien, gracias.

4 Busca y subraya los adverbios de modo en este texto sobre una leyenda asturiana.

5 Busca en el texto anterior los adverbios que significan lo mismo que estas expresiones.

1 con frecuencia: frecuentemente
2 por casualidad: ....
3 con cuidado: ....
4 con pasión: ....
5 con rapidez: ....
6 de manera trágica: ....
7 con crueldad: ....
8 con amor: ....
9 en silencio: ....
10 con atención: ....
11 con claridad: ....

6 Ahora completa con los sustantivos o los adverbios que faltan.

1 urgencia: ....
2 ....: atentamente
3 lentitud: ....
4 ....: correctamente
5 tristeza: ....
6 ....: tímidamente

Leyenda de **Cambaral**,
Luarca (ASTURIAS)

En los pueblos con arraigada tradición marinera, encontramos frecuentemente historias sobre piratas. El barrio de pescadores de Cambaral, en Luarca, lleva el nombre de un famoso pirata que atemorizaba a los habitantes de los pueblos que saqueaba hasta que llegó casualmente a esta villa asturiana. Allí fue apresado y malherido. Una hermosa joven del lugar fue encargada de curar cuidadosamente sus heridas durante su cautiverio. Se enamoraron apasionadamente y decidieron fugarse rápidamente, pero trágicamente encontraron la muerte de manos del padre de ella, quien en plena huida les cortó cruelmente a ambos la cabeza. La leyenda narra cómo ambos permanecieron abrazados amorosamente mientras sus cabezas rodaban hasta el mar. En el lugar de su muerte construyeron el que hoy se conoce como el puente del beso y cuentan que, si te acercas allí silenciosamente por la noche y escuchas atentamente, oirás claramente las palabras de los amantes que provienen del fondo del mar.

PROCESOS Y ESTRATEGIAS 6 — UNIDADES 11 Y 12

ESCUCHAR

1 🔊 31 Escucha a estas personas y completa la tabla con la información:

	DIÁLOGO 1	DIÁLOGO 2	DIÁLOGO 3
¿Qué compró?			
¿Qué ha pasado?			
¿Qué quiere?			
¿Qué tiene que hacer?			

VOCABULARIO

2 Adivina de qué hablan estas personas.

A ¿Puedes prestármelas? Es que me he dejado las mías en casa, encima de la mesa del salón y, claro, ahora no puedo entrar. *Unas llaves*

B Me lo regaló mi suegro en Navidad, y la verdad es que huele muy bien, lo uso todos los días y siempre lo llevo en el bolso para echarme un poco de vez en cuando. ....

C Me las compré en la óptica, porque la verdad es que no veía muy bien, y ahora para leer me las pongo siempre. ....

D Se le rompió el que tenía, y ahora se ha comprado este, porque, si no, no podía hacer ni recibir llamadas y era un lío. Funciona muy bien, es última tecnología, y además la cámara es muy buena. ....

E Yo los compro en la frutería de la esquina y la verdad es que con ellos hago un gazpacho buenísimo. Mira, mira qué rojos y qué ricos. ....

LEER

3 Has comprado por internet un libro para aprender español. Cuando lo recibes en casa, le falta el código de la edición digital y además hay 10 páginas en blanco. Así que quieres cambiarlo por otro sin fallos. Rellena este formulario de la empresa de venta por internet donde has comprado el libro.

ESPAÑOL EN MARCHA 3
Libro del alumno + licencia digital

¿Por qué quieres devolver el producto?
☐ El producto ha llegado demasiado tarde.
☐ El producto no funciona o tiene algún defecto.
☐ No es el producto que he pedido.

Describa el problema (máx. 200 caracteres)
....
....

¿Cómo podemos solucionarlo?
☐ Cambiándolo por el mismo producto.
☐ Cambiándolo por otro producto.
☐ Devolviéndole el dinero.

HABLAR

4 Ahora imagina que cuentas tu problema por teléfono en atención al cliente de la tienda *online* donde has comprado el libro. Practica con tu compañero y cambiad de personaje. Para ello, fíjate en los diálogos del ejercicio 1.

LEER

5 ¿Cuánto sabes sobre fiestas hispanas? Responde al siguiente cuestionario. Puedes buscar la información en la unidad 12 de este cuaderno.

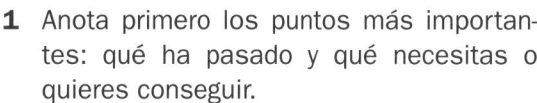

ESTRATEGIAS

PARA SOLUCIONAR PROBLEMAS HABLANDO POR TELÉFONO:

1. Anota primero los puntos más importantes: qué ha pasado y qué necesitas o quieres conseguir.
2. Fíjate en algún modelo y presta atención a las expresiones utilizadas, escríbelas para recordarlas y úsalas en tu práctica.

¿QUÉ SABES SOBRE LAS FIESTAS HISPANAS?

1. ¿Qué fruta se come en España con las 12 campanadas en fin de año?
   a cerezas   *b* ciruelas   *c* uvas

2. ¿En qué fiesta española se canta el *Pobre de mí*?
   a Las Fallas   *b* San Fermín   *c* La Tomatina

3. ¿En qué lugar de España se celebra la Nochevieja en verano?
   a Valencia   *b* Madrid   *c* Granada

4. ¿En qué ciudad colombiana se celebra la Fiesta de las Flores?
   a Bogotá   *b* Cartagena   *c* Medellín

5. ¿En qué fiesta se preparan altares con comida y bebida para las personas que murieron?
   a Santa Marta   *b* Día de Muertos   *c* Fiesta del Fuego

ESCRIBIR

6 Ahora escribe tú tres preguntas con *se* como las del ejercicio anterior sobre fiestas o costumbres del mundo hispano.

....
....
....
....
....
....

HABLAR

7 Hazle las preguntas que has elaborado en el ejercicio anterior a tu compañero.

• ¿En qué ciudad española se queman las Fallas?
▪ Creo que es en Valencia, ¿no?

LEER MÁS

¿Usas mucho internet? Lee este test y marca *a*, *b* o *c* según tus hábitos.

Test: ¿ERES ADICT@ A INTERNET?

Los expertos alertan de que la adicción a internet puede causar muchos problemas. Descubre con este test si haces un uso adecuado de la red o te cuesta demasiado desconectar.

1 ¿Te conectas a internet cuando te levantas por la mañana?
 a Me conecto a internet cuando lo necesito.
 b Me conecto justo después de hacer las tareas prioritarias (desayunar, vestirme, etc.) a internet cuando lo necesito.
 c Enseguida me conecto a internet. A veces es lo primero que hago.

2 Normalmente, desde la última vez que has mirado internet y la hora en que te acuestas, ¿cuánto tiempo ha pasado?
 a Es variable, pero casi siempre paso mucho tiempo sin mirarlo si no me ha hecho falta.
 b Unas tres horas.
 c Es lo último que hago antes de acostarme, incluso a veces lo veo desde la cama con mi *tablet* o el móvil.

3 Ahora que puedes comprar *online*, ¿cuántas veces compras en una tienda física sin usar internet?
 a Sigo comprando habitualmente en tiendas físicas.
 b A veces hago compras *online* y en ocasiones voy a tiendas.
 c Casi todas las compras las hago ahora por internet.

4 Desde que usas las redes sociales, ¿tienes menos contacto físico con tus amigos?
 a Sigo viendo a mis amigos igual que antes.
 b Unas veces quedamos, otras nos comunicamos a través de las redes.
 c Sí, ahora casi nunca quedo con ellos.

5 ¿Para qué usas internet?
 a Para trabajar y hacer gestiones, aunque en algún caso como *hobby*.
 b Para trabajar.
 c Especialmente como *hobby* y distracción (redes sociales, bajarme películas, música, etc.) y, en menor medida, para trabajar y otras gestiones.

6 ¿Qué opinan las personas que viven contigo del tiempo que dedicas a internet?
 a Les parece adecuado el tiempo que le dedico.
 b Que le dedico más tiempo del que es necesario.
 c Que estoy enganchado.

7 ¿Con qué frecuencia el tiempo que le has dedicado a internet te ha causado un problema, por ejemplo, un toque de atención en el trabajo, discusiones, etcétera?
 a Nunca.
 b Alguna vez.
 c Muchas veces.

8 ¿Qué te pasa si te quedas sin internet?
 a Nada, si no lo necesito para algo urgente y, si lo necesito, veo qué alternativas tengo.
 b Estoy enfadado e incómodo.
 c ¡Ahhhhhh, interneeeeet!¡ Me vuelvo loco!

9 ¿Miras la red sin un objetivo concreto?
 a Nunca.
 b Alguna vez, pero no es frecuente.
 c Muchas veces.

10 Estás tú solo tomando algo en un bar, ¿qué haces?
 a Nada, leer un libro o un periódico, o ver la TV.
 b Nada, leer un libro o un periódico, ver la tele o consultar internet, indistintamente.
 c Mirar internet desde el móvil, la *tablet*, el portátil.

11 ¿Cuánto tiempo puedes pasar navegando por internet?
 a Poco, una hora aproximadamente.
 b No mucho, tres horas aproximadamente, o el tiempo que necesite para acabar lo que estoy haciendo.
 c Muchísimo. A veces, hasta más de ocho horas diarias.

12 ¿Cuántos días a la semana NO has usado internet?
 a Tres o más.
 b Uno o dos.
 c Ninguno, lo uso a diario.

RESULTADO:

Mayoría de A: USO
No estás enganchado. Simplemente usas internet como herramienta de trabajo o para hacer alguna gestión. Es perfecto, continúa usándolo así como recurso de ayuda.

Mayoría de B: ABUSO
No podemos decir que tengas una dependencia, pero lo cierto es que pasas demasiado tiempo mirando internet. Si lo piensas bien, parte de este tiempo incluso puedes ahorrártelo. Te recomendamos que te pongas un tope de tiempo para mirar internet si no quieres acabar enganchado.

Mayoría de C: DEPENDENCIA
Estás enganchado a internet y lo usas para todo: internet te alivia, te divierte, te distrae... Debes pensar que la red es una herramienta para hacernos la vida más fácil y no para causarnos problemas. Sustituye algunas de las cosas que haces por internet para pasar a hacerlas físicamente y desconecta internet en las ocasiones que estés frente al ordenador y no lo vayas a usar.

www.webconsultas.com/mente-y-emociones/test-de-psicologia/test-eres-adicto

LEER MÁS

UNIDAD 2

Lee el texto y contesta a las preguntas.

El patinete eléctrico, ¿moda o transporte del futuro?

¿A ti también te han regalado uno? Es probable, porque el patinete eléctrico de adulto es el regalo estrella de los últimos años. Lo hemos visto en cumpleaños, en Navidades y en celebraciones de todo tipo. Te explicamos por qué estos aparatos están tomando las calles y qué opciones tienes si todavía no te has apuntado a la moda pero te gustaría hacerlo.

¿Por qué está de moda?

El motivo es sencillo: la vida en las ciudades nos conduce irremediablemente hacia medios de transporte alternativos. El patinete eléctrico es ecológico, eficiente para trayectos cortos, y da respuesta a los problemas de movilidad de las poblaciones más grandes: atascos, dificultades para aparcar...

Aunque su uso conlleva alguna pequeña molestia, como los bordillos en aceras que no tienen rampa, los baches o lo silenciosos que son –lo que supone un peligro para peatones despistados–, se está convirtiendo en el transporte del futuro.

Opciones

Si todavía no eres usuario de estos patinetes, pero te lo estás planteando, puedes hacer dos cosas: utilizar un servicio de alquiler o comprarte uno. Exploramos las dos posibilidades.

En algunas ciudades existen servicios de alquiler de patinetes eléctricos que mayoritariamente funcionan así: las empresas los distribuyen por la ciudad, el cliente localiza el que se encuentra más cerca mediante una *app* que ha descargado en su móvil, lo desbloquea cuando lo encuentra –también con el móvil– y lo utiliza. Cuando llega a su destino, vuelve a bloquear el patinete.

Se cobra a tantos céntimos por minuto de uso o mediante una tarifa fija por día. ¡Práctico y sencillo! Y sin tener que preocuparte de cargar con el patinete cuando no vas subido encima, como cuando entras en el metro, ni de recargarlo.

¿Prefieres tener tu propio patinete eléctrico, pero no te han regalado uno? Si quieres comprar uno, puede que te sea difícil escoger un modelo, porque la variedad es muy amplia. Tendrás que tener en cuenta la potencia, la autonomía, el peso que puede soportar el patinete, el tiempo que necesita para cargarse, el precio y otras cuestiones, como si es plegable, tiene asientos o ruedas antipinchazos, etc.

Ya tienes tu patinete, ¿cómo te mueves con él?

Depende de la ciudad donde vivas. La Dirección General de Tráfico (DGT) está trabajando en la regulación de la circulación de patinetes eléctricos en todo el territorio español. Mientras tanto, cada ciudad aplica su normativa. La primera en hacerlo fue Barcelona. En esta ciudad es obligatorio:

- No circular por la acera, solo por carriles bici, carriles 30 y similares.
- No circular a más de 30 km/h.
- Ser mayor de 16 años.
- Llevar casco y elementos reflectantes.
- Contratar un seguro de responsabilidad civil.

Madrid y otras ciudades, como Valencia o Granada, también cuentan con una normativa municipal sobre el uso de patinetes.

www.iatiseguros.com/blog/patinete-electrico

---

1. ¿Qué ventajas tiene el patinete según el texto?
2. ¿Cuáles son sus inconvenientes?
3. Nombra dos razones que aparecen en el texto para alquilar un patinete en vez de comprarlo.
4. Vas a comprar un patinete. Di cinco cosas a las que vas a prestar atención para elegirlo.
5. ¿En qué lugar de España se pusieron las primeras reglas para ir en patinete eléctrico por la ciudad?
6. Según las normas del texto, ¿necesitas llevar algún tipo de protección para ir en patinete?

LEER MÁS

UNIDAD 3

1 Lee estas notas entre vecinos y relaciona cada una con la explicación correcta:

A

¡POR FAVOR, DEJEN DE PELEAR!
Todos los escuchamos, todos sabemos sus asuntos personales. Algunos de nosotros debemos trabajar por la mañana y no podemos escuchar los gritos cada noche. Así que, por favor, ¡dejen de discutir, bajen el volumen, vayan a pelear a su auto o sepárense de una vez!
EL EDIFICIO
2:00 AM

B

Estimado Hagrid:
Entiendo que eres mitad gigante, pero ¿podrías tratar de no pisar el suelo tan fuerte?
P.D.: Si no eres Hagrid, deja de pisotear tan fuerte, me está poniendo de mal humor.
Sincesarmente,
Harry Potter

C

¡Buenos días, vecinos!
Les ofrecemos nuestras más sinceras disculpas por taladrar paredes hasta muy tarde.
Gracias por su paciencia.
Estos dulces son para ustedes.
¡Que tengan un buen día!

D

¡Queridos inquilinos!
Los invitamos a las súper fiestas de cada noche.
Les garantizamos música fuerte, risas descontroladas y ruido fuera de control.
Al finalizar, invitados especiales:
-policía municipal
-policía estatal
-o, si tenemos suerte, policía federal.
¡No se lo pierdan! ¡Será muy divertido!
¡No importa que los demás no puedan dormir!
Atentamente,
los vecinos de #164

E

¡Hola!
Me di cuenta de que siempre se les olvida recoger el excremento de sus perros, así que, me tomé la libertad de traer algunas bolsitas. Asumí que no están en casa, ya que, ¿por qué otro motivo no limpiarían los desechos de sus perros?
¡Oh!
Y además quise ayudar y les dejé el excremento en cuestión en la entrada de su puerta para su conveniencia. Así les será más fácil limpiar.
¡De nada!

1. Las personas están molestas por las constantes discusiones de sus vecinos. **A**
2. Los vecinos se disculpan por hacer ruido ....
3. Un vecino pide a otro que haga menos ruido al caminar por la casa ....
4. Una persona está enfadada porque sus vecinos no son limpios ....
5. Alguien se queja del ruido y del escándalo nocturno que hacen los vecinos habitualmente cuando se divierten. ....

2 Imagina que tú tienes estos problemas con tus vecinos. ¿Qué harías? Escribe frases.

1. Las personas están molestas por las constantes discusiones de sus vecinos.
   Yo en su lugar hablaría seriamente con ellos.

LEER MÁS UNIDAD 4

Esta es la historia de Ayax, el rapero que sobrevivió para contarlo.
Lee la entrevista y responde verdadero (V) o falso (F).

Esta es la historia de un chico de barrio que no lo ha tenido fácil: su familia casi pierde su casa y él tuvo que hacer cosas ilegales para poder vivir. A pesar de ello, rechazó ofertas de multinacionales para hacer las cosas a su manera. Casi no concede entrevistas. El rapero granadino Ayax, de 29 años, escribió su primer tema con 12 y comenzó en la música junto a su hermano gemelo como Ayax y Prok hace más de una década. Desde entonces, sus miles de fans le siguen por redes, agotan las localidades de sus conciertos, se tatúan sus frases y su cara y sus canciones acumulan millones de escuchas. Por algunas de sus letras y vídeos, puedes pensar que es un tipo duro, pero en realidad es un chaval tierno, fiel a su gente, con muchas ganas de aprender y acompañado de una pequeña libreta para apuntar sus pensamientos. En 2020 ganó un disco triple platino por su primer trabajo en solitario, *Cara y cruz*, editado con su propio sello. Además, ha construido una escuela para huérfanos en Mozambique, acaba de debutar como actor en la película *Hasta el cielo*, de Daniel Calparsoro, y ya le llueven proyectos cinematográficos. Todo sin renunciar a su esencia.

¿Cuánto tiempo lleva dedicándose en exclusiva al rap?
A partir de los 23. Desde los 16 hasta los 23 trabajé en lo que pude: en la obra, de camarero, de relaciones públicas, de reponedor en un supermercado. También hice cosas ilegales para sobrevivir en aquella época. Mis padres tenían una situación muy complicada, nos iban a desahuciar, yo no llevaba dinero a casa y me fui a Ibiza.

Entonces, el tema de "Desahucio" de su disco *Cara y cruz* es una historia real.
Todo lo que digo en las canciones es verdad. En "Me hizo fuerte" hablo de las situaciones complicadísimas que viví de joven y todo eso pasó. Soy sincero, si no, es imposible llegar a la gente.

Escribe, compone y dirige videoclips. ¿Qué ha estudiado?
Soy autodidacta, llevo desde los seis años alquilando pelis y estudio el lenguaje cinematográfico en internet. Tengo el bachiller y me metí en Antropología Social y Cultural, pero estuve solo un año porque me hice famoso y ya no podía ir a la facultad. Me pedían fotos a las ocho de la mañana. Después lo volví a intentar en la Complutense para estudiar Filología Hispánica y fue peor porque aún era más conocido.

Ha debutado como actor en *Hasta el cielo*. ¿Cómo ha sido esta experiencia?
Increíble. Tanto en el cine como en la música la gente se da cuenta cuando dices la verdad. En la peli intenté creerme que estaba en esa situación. Ahora me han ofrecido un par de papeles protagonistas diferentes. Motos [su personaje en *Hasta el cielo*] tiene ciertos aspectos parecidos a mí, como ser un chaval de la calle que no ha tenido la vida fácil y ha estado preso. Yo también estuve en un centro de menores. Para mí no fue difícil identificarme con él.

Junto a Prok metió a más de seis mil personas en dos días en Las Ventas en sus últimos conciertos en Madrid...
Todo lo que recaudamos se destinó a crear una escuela para huérfanos en Mozambique. Me mandaron una foto de los chavales haciendo los cimientos con una sonrisa gigante y me puse a llorar porque yo era un chaval de barrio con pocas posibilidades. No me veía haciendo una peli, ni ganando un triple platino. Incluso menos construyendo una escuela para 300 niños cuyos padres han muerto en la guerra.

¿Cómo es su público?
En los conciertos tengo a chavales de 14 años en primera fila y al fondo a los de 50 con camisetas de Eskorbuto (grupo español de punk rock de los años 80). Mi música es como Los *Simpson*: cuando los ves de chico no los entiendes, pero te divierten, y cuando te haces mayor empiezas a reírte de verdad porque los comprendes. Con mis canciones sucede igual. Eso me da un público más amplio que a otros raperos, a los que solo los escuchan de los 14 a los 25 años.

¿Qué ha significado para usted ganar el triple platino por su disco *Cara y cruz*?
Un reconocimiento por parte de la industria musical. Nos han puesto cheques encima de la mesa con altas sumas, pero yo prefiero morir tranquilo y no dar mi arte a unas personas para que ganen dinero con él sin merecerlo. Por esta decisión, no hemos sonado en la radio, aunque somos unos de los músicos españoles que más público tienen en un concierto. Que un disco completo de crítica social, rap duro, sin publicidad ni nadie detrás haga triple platino y casi 70 millones de visitas es increíble.

elpais.com/elpais/2020/09/09/icon

1. Áyax se dedica a la música desde muy joven. ☐
2. Ha hecho trabajos de muchos tipos. ☐
3. Siempre ha vivido en Granada. ☐
4. En sus canciones habla de sus propias experiencias. ☐
5. Actualmente Áyax solo se dedica a la música. ☐
6. Áyax nunca estudió en la universidad. ☐
7. Áyax y Prok colaboran en causas humanitarias. ☐
8. Su música es solo para gente joven. ☐

sesenta y siete 67

LEER MÁS

UNIDAD 5

Lee el texto y contesta a las preguntas.

La Última Enfermera:
Un juego y un proyecto solidario

La Última Enfermera, el primer juego de cartas sobre enfermeras y que colabora con la investigación en enfermedades raras. Ponte el pijama de enfermera e intenta sobrevivir a un turno interminable. ¿Conseguirás acabar tu turno sin ser la última enfermera?

LA ÚLTIMA ENFERMERA es un juego de cartas divertido, rápido y para todos los públicos, de 2 a 5 jugadores, con la finalidad de que la gente conozca mejor el trabajo de las enfermeras. Durante la partida, encontrarás situaciones reales frecuentes que estas profesionales pueden afrontar en su trabajo diario. El objetivo del juego es conseguir acabar el turno de trabajo antes que las demás enfermeras. Para ello, deberás completar un total de cinco cartas de tareas antes que tus compañeros.

El juego presenta una baraja con un total de 90 cartas, con cinco tipos de cartas: Tareas, Personajes, Utensilios, Situaciones e Identidades, que te permitirán saber qué tipo de enfermera eres. Cada tipo de carta es de un color diferente.

Además, este divertido juego, creado por los enfermeros Pedro Soriano y Adrián Sarria, destina parte del dinero de las ventas a apoyar la investigación sobre enfermedades raras. Tras una exitosa campaña de *crowdfunding* que se extendió del 25 de mayo al 3 de julio de 2020, coincidiendo con el Año Internacional de las Enfermeras y Matronas y con el bicentenario del nacimiento de Florence Nightingale, creadora de la enfermería moderna, la iniciativa La Última Enfermera ha cumplido

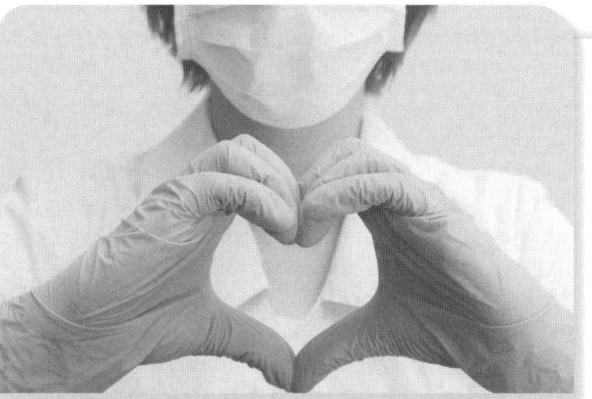

Cinco enfermeras llevan más de un año sin trabajar. De pronto, reciben una llamada de un número desconocido, contestan y descubren algo insólito: ¡las llaman para ofrecerles trabajo!

con su compromiso de entregar a la Federación Española de Enfermedades Raras (FEDER) parte del dinero conseguido con su venta. La Última Enfermera es un juego solidario que permite al jugador, desde la perspectiva del humor, ponerse en la piel de una enfermera.

En total, se han conseguido 747 euros que se destinarán a la investigación en estas enfermedades raras, sirviendo así para mejorar la calidad de vida de quienes conviven con una enfermedad poco frecuente.

En https://laultimaenfermera.com/ podrás conocer más sobre este proyecto, adquirir tu juego y descubrir muchos más artículos: bolsas de tela, pins, tazas personalizadas…

Una enfermedad se considera rara cuando afecta a menos de 5 de cada 10 000 habitantes. En España hay más de tres millones de personas con enfermedades poco frecuentes. Así que juega, diviértete y haz avanzar la investigación para ayudarlas.

www.enfermedades-raras.org

1. ¿Para qué crearon Pedro Soriano y Adrián Sarriá La Última Enfermera?
   ....
2. ¿A qué se dedican los autores del juego?
   ....
3. ¿Quién gana la partida?
   ....
4. ¿Por qué La Última Enfermera es un juego solidario?
   ....
5. ¿Qué se celebró en el año 2020?
   ....
6. ¿Qué otros productos puedes comprar en la página web de su proyecto?
   ....
7. ¿Cómo tiene que ser una enfermedad para ser una enfermedad rara?
   ....

LEER MÁS

UNIDAD 6

Lee el texto y responde si las afirmaciones son verdaderas (V) o falsas (F).

Huertos ecológicos

EN EL JARDÍN DE GAIA PUEDES TENER TU PROPIO HUERTO ECOLÓGICO

En **El Jardín de Gaia** puedes alquilar y cultivar tu huerto a buen precio en plena naturaleza pero a pocos kilómetros de núcleos urbanos.

Aquí aprenderás desde el principio cómo preparar la tierra, cómo poner el riego y qué y cuándo plantar, tanto en la plantación de verano como en la de invierno. Además, te incluimos el curso de iniciación a la Agricultura Ecológica en la bienvenida a tu huerto. Tendrás un seguimiento desde el primer minuto de cómo hacer las cosas, y siempre de modo ecológico.

No usamos productos químicos, todo lo hacemos de manera ecológica, aprenderás cómo mantener tu huerto con remedios tradicionales procedentes de las plantas y la naturaleza.

No necesitas hacer matrícula, ni pedimos permanencia. Disfruta de tu huerto mes a mes. Pásate a ver la finca y te explicaremos de primera mano cómo empezar a preparar tu huerto y a disfrutar produciendo y consumiendo tus propios tomates, berenjenas, pimientos, etc.

Productos de la huerta
Si eres una de esas personas que quieren comer sano y saber lo que comes, este es tu sitio.

Si quieres seguridad de que lo que te llevas a casa está cultivado de forma totalmente ecológica y sostenible, desde su procedencia hasta su recolección, has encontrado lo que buscas. A partir de mediados de julio ya puedes adquirir aquí verduras ecológicas de la temporada primavera-verano a un precio muy asequible.

Contacta con nosotros en el teléfono 687299990 y te informamos, o pásate por aquí.

Y mucho más...
Queremos que El Jardín de Gaia sea un centro de multiactividad, con una amplia oferta formativa, dentro de la cual te ofreceremos semanalmente talleres de agricultura ecológica y biodinámica (siembra, plantación, fertilización natural, etc.), talleres de un día, donde podrás aprender la elaboración de productos artesanales y ecológicos (pan, quesos, jabones, conservas, etc.), y talleres y cursos de bioconstrucción, en los que aprenderás diversas técnicas constructivas respetuosas con el medioambiente.

Y por último y no menos importante, si todo va bien, próximamente podrás disfrutar de nuestro esperado "Centro de Retiros y Seminarios", que se realizará con técnicas de bioconstrucción, con una oferta formativa muy amplia y los mejores expertos en cada materia (meditación, yoga, taichí, chikung, terapias alternativas).

Dado el carácter abierto que queremos dar al centro, también se da la opción a grupos externos de alquilar las instalaciones para realizar sus propios talleres, seminarios o retiros siempre y cuando sigan las normas de convivencia establecidas en nuestro centro.

También podrás disfrutar de la "Ruta Botánica", para niños y adultos, y del próximo "Observatorio de Aves" junto al lago, donde podrás observar y aprender a reconocer la variedad de aves que frecuentan estas aguas.

www.eljardindegaia.es

En El Jardín de Gaia…
1. Estás en el campo, pero cerca de la ciudad. ☐
2. Los huertos son gratuitos. ☐
3. Los productos de tu huerto son para los dueños de El Jardín de Gaia. ☐
4. Al principio te enseñan, pero luego tienes que aprender tú solo cómo cultivar la tierra. ☐
5. El curso de iniciación es gratis. ☐
6. Tú puedes despreocuparte de tu huerto, los responsables de El Jardín de Gaia lo cuidan por ti. ☐
7. Tienes que aprender tú solo cómo funciona un huerto. ☐
8. Puedes dejar tu huerto cuando quieras. ☐
9. Puedes también comprar productos de cultivo ecológico. ☐
10. Hay, además, actividades infantiles. ☐
11. Están planeando abrir un espacio para hacer cursos, talleres, etc. ☐

LEER MÁS

UNIDAD 7

Lee el texto y elige la opción adecuada.

PEGADO A LA PANTALLA

Una jornada en el puesto de trabajo frente al ordenador tiene una serie de riesgos para la salud.

Una silla, (1)..................., un teclado, un ratón, un monitor y una lámpara son los elementos (2)................... la mayoría de los lectores citan como los componentes de su puesto de trabajo.

Con el paso de los años, los ordenadores se han convertido en la herramienta principal de trabajo en las oficinas, y con ellos han aparecido también (3)................... riesgos para la salud, agravados por el trabajo sedentario y monótono.

DOLENCIAS MÁS COMUNES

Los trastornos más habituales en trabajadores que desarrollan su trabajo (4)................... una pantalla se dividen entre visuales (irritación en los (5)..................., visión borrosa, ojos rojos), posturales (dolores de espalda especialmente) y psíquicos (insomnio, irritabilidad).

Se trata, en muchos casos, de molestias que pueden (6)................... tan solo con adoptar una buena postura al sentarse o una mejor organización de las diferentes actividades.

La legislación dispone unas normativas (7)................... se establecen las condiciones recomendables para el trabajo con pantallas. (8)................... consejos se refieren a la posición de los elementos de trabajo. Así, la mesa

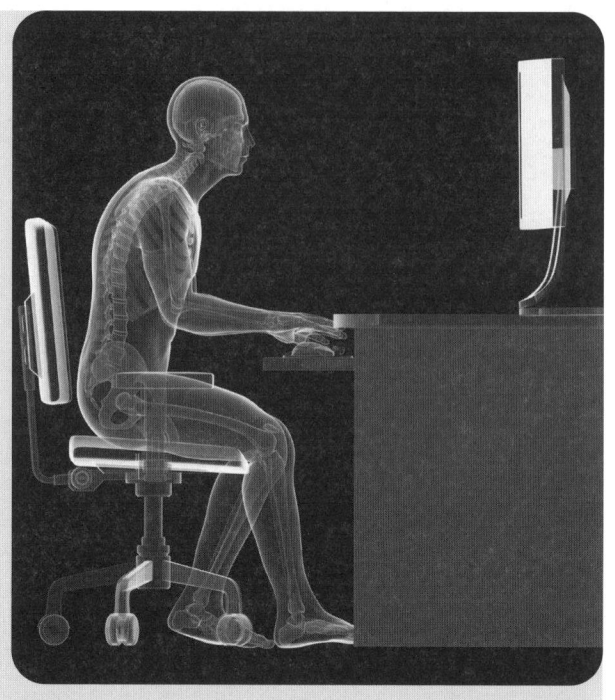

debe ser (9)................... suficientemente grande para alcanzar todos los elementos (10)................... forzar el cuerpo.

La silla, por su parte, debe (11)................... estable, con altura regulable y con reposapiés. La (12)................... del ordenador debe dar una imagen estable, sin reflejos.

(13)..................., es recomendable que los ojos del trabajador se encuentren (14)................... una distancia similar entre la bandeja, la pantalla y el teclado. La distancia ideal serían (15)................... 50 centímetros.

1 ☐
 a una mesa
 b un sofá
 c un papel
 d una carpeta

2 ☐
 a de
 b para
 c que
 d a

3 ☐
 a nuevos
 b buenos
 c bonitos
 d viejos

4 ☐
 a entre
 b frente a
 c delante
 d por

5 ☐
 a párpados
 b ojos
 c cejas
 d oídos

6 ☐
 a cambiar
 b desaparecer
 c agravarse
 d venir

7 ☐
 a en las que
 b para que
 c que
 d donde que

8 ☐
 a Aquellos
 b Los
 c Algunos
 d Mis

9 ☐
 a la
 b un
 c lo
 d una

10 ☐
 a sin
 b para
 c de
 d a

11 ☐
 a situar
 b ser
 c parecer
 d querer

12 ☐
 a cabeza
 b máquina
 c cinta
 d pantalla

13 ☐
 a Pero
 b Aunque
 c Además
 d Al final

14 ☐
 a a
 b en
 c por
 d delante

15 ☐
 a los
 b unos
 c de
 d cada

1 Lee el siguiente texto.

LIBROS A LA CALLE

Cada vagón de metro o de tren, cada autobús, puede ser un lugar en el que encontrarnos con la literatura, tomar contacto con autores, personajes y géneros desconocidos, o volver a recordar obras que leímos hace años. Libros a la Calle es una iniciativa cultural de la Asociación de Editores de Madrid para promocionar la lectura. Para ello, desde hace años, esta asociación se encarga de llenar los transportes públicos de Madrid con textos ilustrados. Así, en los vagones de metro o en los autobuses de la ciudad encontrarás humor, poesía, ensayo, libros de viaje, filosofía, teatro, historia, textos didácticos… Además, leyendo el código QR que aparece en los textos, con tu *smartphone* podrás acceder a la web para conocer algo más de la obra y de su autor. Y, si te animas, también puedes acudir a los doce puntos de Bibliometro localizados en el suburbano de Madrid.

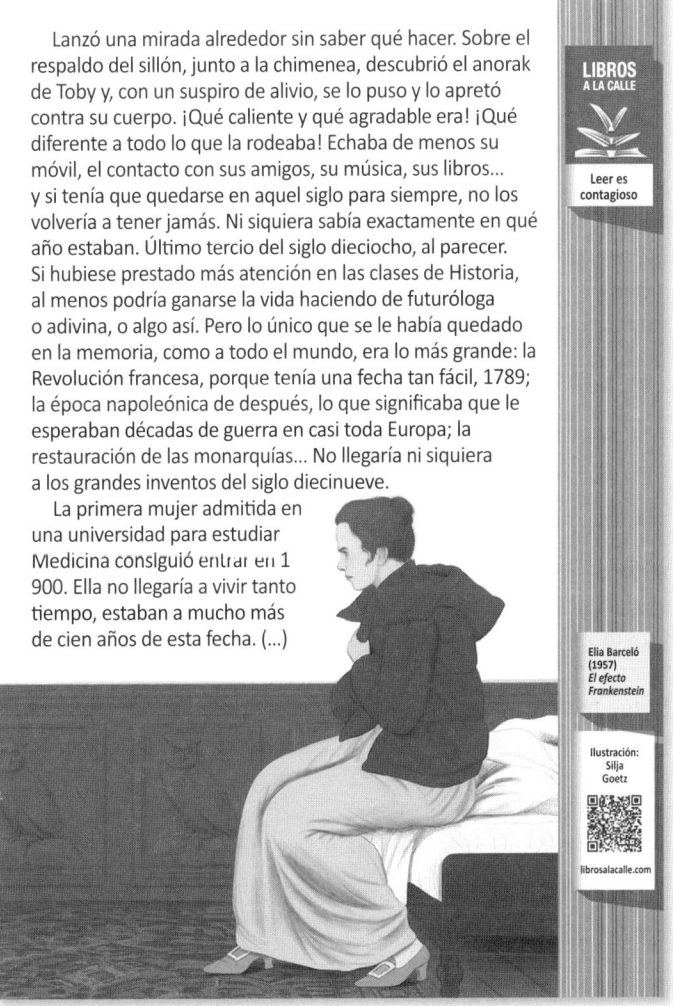

Lanzó una mirada alrededor sin saber qué hacer. Sobre el respaldo del sillón, junto a la chimenea, descubrió el anorak de Toby y, con un suspiro de alivio, se lo puso y lo apretó contra su cuerpo. ¡Qué caliente y qué agradable era! ¡Qué diferente a todo lo que la rodeaba! Echaba de menos su móvil, el contacto con sus amigos, su música, sus libros… y si tenía que quedarse en aquel siglo para siempre, no los volvería a tener jamás. Ni siquiera sabía exactamente en qué año estaban. Último tercio del siglo dieciocho, al parecer. Si hubiese prestado más atención en las clases de Historia, al menos podría ganarse la vida haciendo de futuróloga o adivina, o algo así. Pero lo único que se le había quedado en la memoria, como a todo el mundo, era lo más grande: la Revolución francesa, porque tenía una fecha tan fácil, 1789; la época napoleónica de después, lo que significaba que le esperaban décadas de guerra en casi toda Europa; la restauración de las monarquías… No llegaría ni siquiera a los grandes inventos del siglo diecinueve.

La primera mujer admitida en una universidad para estudiar Medicina consiguió entrar en 1 900. Ella no llegaría a vivir tanto tiempo, estaban a mucho más de cien años de esta fecha. (…)

LIBROS A LA CALLE
Leer es contagioso

Elia Barceló
(1957)
El efecto Frankenstein

Ilustración:
Silja
Goetz

librosalacalle.com

www.editoresmadrid.org

2 Busca en el texto de Elia Barceló:

1 un mueble. ....
2 una prenda de vestir. ....
3 un objeto tecnológico. ....
4 una profesión. ....
5 un hecho histórico. ....
6 el nombre de un continente. ....

3 ¿Qué crees que le ha pasado a la protagonista de esta historia?

LEER MÁS UNIDAD 9

Aquí tienes algunas noticias que parecen una broma ¡pero son reales! Léelas y elige para cada una el titular correspondiente.

Me pareció ver un lindo gatito

VUELVE EL REY LEÓN

Esperar mereció la pena

¡A JUGAR!

FOLLOWER DE CUATRO PATAS

¿Qué le pongo de desayuno?

A Vuelve el rey león

La Policía Local de Molina de Segura, en Murcia, recibió el sábado 7 de marzo llamadas de vecinos que aseguraban que habían visto un león en la zona de la huerta del municipio. Sin embargo, los grandes felinos no suelen ser una especie autóctona que ande libremente por la región murciana. De hecho, según contó la Policía, el "león" resultó finalmente ser un perro con el pelo mal cortado. Una de esas noticias que te hacen decir:"¡Guau!".

B ....

El refrán dice que a quien madruga Dios le ayuda, pero no si eres atracador. El ladrón que, el pasado noviembre, entró a las nueve de la mañana a una tienda de frutos secos zaragozana, encontró la caja prácticamente vacía. El establecimiento llevaba apenas media hora abierto y, a falta de efectivo que robar, el caco decidió recaudarlo él mismo: encerró a las trabajadoras en la trastienda y se puso a atender a los clientes. Según explicó una de las dependientas, la trastienda tenía una puerta trasera y lograron escapar. Al salir y volver a la tienda se la encontraron llena, con el ladrón sirviendo a una clienta dos croissants y un zumo. Cuando vio a las dependientas, huyó con solo dos euros de botín, lo que había cobrado a la clienta, y fue detenido poco después gracias a las cámaras de seguridad del local.

C ....

Poco antes de las 20:00, la policía de Murcia recibió la llamada de un vecino del pueblo de Sangonera la Seca en la que alertaba de la presencia de "un tigre adulto descansando a la sombra de un olivo". Los agentes que reunieron el valor para acercarse a la bestia descubrieron que solo se trataba de un peluche.

D ....

Durante la feria del cocido de Lalín, en Pontevedra, los restaurantes de la localidad suelen llenarse. Para asegurarse sitio en una mesa, lo recomendable es reservar, y un grupo de amigas lo hizo con muchísima antelación: 20 años. Según cuenta *El Faro de Vigo*, estas mujeres reservaron en el año 2000 una mesa en el restaurante Casa Currás para 2020 y, tras 20 años advirtiéndole al dueño de que no se trataba de una broma, este mes de febrero cumplieron con su reserva. Según cuentan las protagonistas, ya han reservado de nuevo, aunque esta vez sin tanta antelación: solo para dentro de diez años.

E ....

Los puzzles y los juegos de mesa fueron uno de los recursos a los que los españoles acudieron durante el confinamiento para matar el aburrimiento. Sin embargo, la gracia de estas actividades es que pueden hacerse en casa, y no en un coche. La Policía Local de Palma sancionó a tres personas en marzo tras ser descubiertos jugando al parchís dentro de un vehículo. "Por lo visto hay quien por 'no puedes salir de casa' entiende 'quédate en el coche jugando al parchís con los amiguetes", comentaba la Policía Local.

F ....

Si le dices a alguien que vas a madrugar un frío domingo de febrero en Ponferrada (León) para salir a correr, probablemente te respondan: "Estás como una cabra". Y esta noticia le daría la razón: una cabra siguió a un *runner* desde un embalse cercano hasta la localidad. La Policía Municipal de Ponferrada intentó localizar a su propietario a través de Twitter incluyendo una foto del animal. La historia tuvo un final feliz: la cabra, una vez capturada, fue llevada a las dependencias de la policía, y allí vino a recogerla su dueño.

www.verne.elpais.com/verne/2020/12/21/articulo

LEER MÁS

UNIDAD 10

1 Lee el siguiente texto del blog Pasaporturista.

Los 5 mejores pueblos con menos de 100 habitantes

¡Buenos días! Esta semana os traemos una entrada muy especial: hemos hecho una lista de los 5 mejores pueblos de España con menos de 100 habitantes. Si aún no los habéis visitado, ¿a qué esperáis?

Además de tener menos de 100 habitantes, todos estos pueblos tienen otras muchas peculiaridades en común que los hacen realmente especiales:

Parece que el tiempo se ha detenido: se mantienen las costumbres y actividades tradicionales, así como la arquitectura típica, gracias a lo cual en muchas ocasiones nos da la sensación de **haber vuelto al pasado**.

Estos pueblos **están enmarcados en entornos naturales sorprendentes**, muchas veces completamente vírgenes. Hay bastantes opciones de **rutas** para realizar **en los alrededores**, lo que les proporciona un importante valor añadido.

La **actividad turística ha sido muy poca** en estos pueblos, y esto hace que sigan siendo tan auténticos.

Gracias a todas estas características, **estos lugares se convertirán en un excelente destino para tu próxima escapada**. Y visitándolos también cumplirás dos objetivos muy importantes en el turismo rural:

Apoyarás la economía local, ayudando al crecimiento de los pequeños comercios y empresas de la zona.

Estarás realizando un **turismo sostenible**, huyendo de las masificaciones y respetando el entorno.

1 Bárcena Mayor (Cantabria)
Bárcena Mayor tiene poco más de 80 habitantes y está ubicado en medio del parque natural Saja-Besaya. De hecho, es el único pueblo que forma parte del parque. Como os podréis imaginar, está completamente rodeado de naturaleza.
Disfruta de la arquitectura tradicional, de sus tienducas y de un buen cocido montañés (sin importar si es verano o invierno).

2 Pobladura de la Sierra (León)
Con tan sólo 18 habitantes, este pequeño, pero encantador pueblo, te hará desconectar de tu día a día. Pasea por sus calles en un viaje a la España olvidada y disfruta de su arquitectura tan característica. En Pobladura de la Sierra, el agua es un elemento esencial y de una calidad excepcional gracias a su situación geográfica. Podrás encontrar puentes, molinos y fuentes por todo el pueblo. Además, desde Pobladura de la Sierra podrás hacer numerosas rutas de senderismo.

3 Piedrasecha (León)
Piedrasecha tiene tan solo 15 habitantes, pero esconde un tesoro que pocos conocen: la ruta del desfiladero de los Calderones. Disfruta de unos paisajes sorprendentes mientras paseas por el gran cañón formado por el arroyo de los Calderones. No dejes de visitar el pueblo, donde aún se conservan viviendas tradicionales construidas en piedra.

4 As Ermitas (Ourense)
As Ermitas tiene 61 habitantes y está ubicado en un lugar excepcional: en un risco sobre el valle del río Bibey. Sus vistas son impresionantes. Sin embargo, su ubicación también tiene alguna desventaja, pues estuvo a punto de desaparecer en el año 1909 debido a un desprendimiento de rocas.
No te puedes perder el Santuario de Nuestra Señora de las Ermitas, un conjunto monumental que no te dejará indiferente.

5 Balouta (León)
Balouta tiene tan sólo 19 habitantes y guarda un importante secreto, pues

conserva el sistema de vivienda más antiguo conservado en España: la palloza. Pasear por Balouta es pasear por un pueblo de cuento. Y no nos podemos olvidar del entorno natural en el que se ubica: no verás otra cosa más que color verde por los cuatro costados. ¿Necesitas más motivos para visitar este lugar?

(https://www.pasaporturista.com/5-pueblos-menos-100-habitantes/)

2 Completa las frases con la información correcta.

1 El pueblo de Bárcena Mayor está dentro de un ....
2 En Piedrasecha podrás encontrar casas hechas de ....
3 En Pobladura de la Sierra, la protagonista es el ...., que además es de muy buena calidad.
4 Este precioso pueblo casi desaparece por causa de un ....

5 .... es el pueblo con menos habitantes de los cinco de la lista.
6 En Bárcena Mayor podrás probar un rico plato: el ....
7 La palloza es un tipo de .... muy antigua.
8 ¿Y tú? ¿Conoces algún pueblo con menos de 100 habitantes?

LEER MÁS

UNIDAD 11

Elige la opción correcta.

JÓVENES inquietos

Si con 12 años montas un (1)_____ de cuidado de (2)_____ en tu casa en vez de estar en la calle (3)_____, es que eres un (4)_____ nato. Manuel Palacio hizo eso y más: no solo cuidó 38 hamsters, también vendió las crías que tuvieron, porque sus (5)_____ no las querían. Un buen negocio: consiguió 15 000 pesetas.

Manuel (6)_____ 12 horas (7)_____ –seis de ellas escuchando música– y solo duerme seis. Compagina la dirección de la discográfica Quattro Records con un (8)_____ de encargado en un bar de (9)_____ durante los fines de semana. Es el miembro con menos edad de la Asociación de Jóvenes (10)_____.

Con un espíritu inquieto, no quiso ir a la (11)_____ "porque es una pérdida de tiempo; prefiero estudiar por mi cuenta, ser (12)_____".

Fue un amigo de su padre quien inicialmente creyó en él y aportó los 6000 euros que hicieron falta para poner en marcha la discográfica. La firma de la empresa fue su regalo para (13)_____ sus 18 años:

"Mi padre sabía que era una de mis mayores ilusiones", recuerda. Una ilusión que compartía también David Fernández, estudiante de Periodismo, que con 20 años y el apoyo de su (14)_____ de trabajo, en una teleoperadora, Paloma Gil, de 24 años, decidió montar *80 Días*, una revista especializada en turismo.

"Ser muy joven es una dificultad a la hora de montar una empresa, porque los bancos no te toman muy en serio". De hecho, el principal problema es obtener financiación para la empresa. ¿Y las (15)_____ de los diferentes organismos oficiales? "De eso, ni hablamos. Tengo pedidas todas las que pueden existir, pero todavía no sé nada de ellas", asegura David.

Extraído de *Actualidad Económica*

1 ☐
a tienda
b tren
c negocio
d espectáculo

2 ☐
a plantas
b mascotas
c ancianos
d personas

3 ☐
a trabajando
b parado
c jugando
d mirando

4 ☐
a emprendedor
b jefe
c loco
d negociador

5 ☐
a padres
b amigos
c familiares
d dueños

6 ☐
a trabaja
b descansa
c pasea
d piensa

7 ☐
a diarias
b seguidas
c semanales
d continuas

8 ☐
a amigo
b puesto
c hobby
d negocio

9 ☐
a día
b noche
c copas
d niños

10 ☐
a Artistas
b Comerciantes
c Empresarios
d Músicos

11 ☐
a guardería
b escuela
c mercado
d universidad

12 ☐
a independiente
b autodidacta
c autoritario
d inteligente

13 ☐
a celebrar
b terminar
c comenzar
d cumplir

14 ☐
a directora
b jefa
c compañera
d amiga

15 ☐
a ofertas
b rebajas
c ayudas
d plazas

LEER MÁS

UNIDAD 12

1 Lee este texto sobre algunas fiestas españolas.
¿Las conocías ya? ¿Qué otras fiestas española conoces?

Las fiestas más sorprendentes

¿Te gustaría vivir una experiencia diferente? Por toda la geografía española encontramos curiosidades y celebraciones muy singulares en las que nunca falta la música, la buena comida y la diversión.

La Tomatina

Fiesta de los Enharinados

La Vijanera en Silió

① La Vijanera en Silió (Molledo), Cantabria
Empezamos nuestra lista con el primer carnaval del año de Europa: La Vijanera, que se celebra en Cantabria el primer domingo del año. Los extravagantes "zarramacos", vestidos con pieles de vivos colores, grandes campanas y sombreros puntiagudos, recorren el pueblo ahuyentando a los malos espíritus.

② La Fiesta de Santa Marta de Ribarteme en As Neves, Pontevedra
El periódico *The Guardian* considera esta fiesta de San Xosé de Ribarteme la segunda más extraña del mundo, ya que sus protagonistas son ¡ataúdes! ¡Con gente viva en su interior! Se trata de personas que padecían una enfermedad y se han ofrecido a desfilar dentro de ataúdes si la virgen los cura.
En esta fúnebre celebración, los familiares cargan con los ataúdes para agradecer a la virgen su milagro. Además de este rarísimo desfile y varios actos religiosos, durante la romería de Santa Marta disfrutaremos de la música en directo de diversas orquestas, muy típicas en las fiestas gallegas en verano.

③ La Tomatina en Buñol, Valencia
El último miércoles de agosto se celebra una de las fiestas más divertidas y refrescantes del verano en España. El pueblo de Buñol se convierte en el escenario de una particular batalla, en la que se llegan a utilizar 140 toneladas de tomates. En 2012, alrededor de 50 000 personas quisieron participar en La Tomatina, por lo que ahora es obligatorio comprar entradas con antelación.

④ Concurs de Castells en Tarragona
En Tarragona se celebra todos los años el espectáculo de torres humanas más grande del mundo. A principios de octubre y durante dos días de competición, se construyen torres humanas de vértigo, que llegan a alcanzar los 10 metros de altura, sin ayuda de ningún soporte, solo la fuerza y el trabajo en equipo.
Los Castells han sido declarados Patrimonio Cultural Inmaterial de la Humanidad por la UNESCO, y casi siempre están presentes en las principales celebraciones en Cataluña.

⑤ Batalla del Vino de Haro, La Rioja
Dicen que un 29 de junio, durante una romería hacia la ermita de Los Riscos de Bibilio, un aldeano decidió refrescar a un compañero suyo, vertiendo sobre él el vino que llevaba en su bota. Les debió de parecer divertido, porque hoy en día la fiesta ha crecido tanto que cada año se utilizan hasta 130 000 litros de vino.

⑥ Fiesta de los Enharinados en Ibi, Alicante
Cada 28 de diciembre los Enfarinats imponen su particular justicia en la principal plaza de Ibi (Alicante) a través de una original batalla de harina, huevos y verduras. Estos divertidos personajes se hacen con el poder del pueblo y se dedican a cobrar impuestos, que serán donados a organizaciones benéficas. El que se niegue a pagar será objetivo de sus bombas de harina.

⑦ Nochevieja en agosto en Berchules, Granada
Que en España nunca falta la fiesta es algo de sobra conocido y si hay que repetir la fiesta, se repite. Esta debe es la filosofía del pueblo granadino de Berchules, porque cada primer sábado de agosto deciden repetir la Nochevieja.
En 1994, los habitantes de Berchules no pudieron tomarse las tradicionales uvas de la buena suerte, debido a un error en la retransmisión de las campanadas. Por eso, decidieron celebrar la llegada del nuevo año en agosto. La Nochevieja se disfruta mucho más con el calor del verano.

2 Lee otra vez el texto y localiza la información.

¿En cuál o cuáles de estas fiestas, según lo que dice el texto...

1 hay gente disfrazada?: ....
2 parece que ha muerto alguien?: ....
3 te puedes manchar la ropa fácilmente?: ....
4 si quieres ir, hay que reservar un ticket primero?: ..
5 el dinero se destina a fines solidarios?: ....
6 hay celebraciones religiosas?: ....

3 ¿Cuál de las fiestas tiene reconocimiento a nivel internacional?

4 ¿Cuál de estas fiestas es moderna y no una fiesta tradicional?

ACTIVIDADES **VÍDEO 1**

¿Por qué no me lo contaste?

A ANTES

1 ¿Te gustaría pasar las vacaciones en este lugar? ¿Has estado alguna vez en un lugar similar?

A mí me encantaría pasar las vacaciones en este pueblo, me encanta el mar y los lugares tranquilos. Yo cuando era pequeño pasaba las vacaciones en un pueblo del norte de Francia, cerca de Lille. También tenía las casetas de madera en la playa…

B DURANTE

2 Mira el vídeo sin sonido y contesta a las preguntas. (00:00-00:36)

1. ¿Cómo se llama el lugar en el que Pau está de vacaciones? ....
2. ¿Cómo ha llegado a allí? ....
3. ¿Por qué crees que ha ido a ese lugar? ....
4. ¿Qué relación piensas que hay entre la chica y Pau? ....

UNIDADES 1/2   Gente / Lugares

3 Mira el vídeo y marca si son verdaderas (V) o falsas (F) las afirmaciones. (00:36-01:40)

1. Pau echa mucho de menos a su novia.
2. A Nuria no le pareció normal ver a Mar con un amigo de Pau en un concierto.
3. En el concierto, Nuria y Mar hablaron de Pau.
4. Mar ha puesto una foto en las redes de ella con Pau besándose.
5. El concierto fue hace mucho tiempo, a finales de año.
6. Pau y Mar tenían una relación de pareja que parecía muy buena.

4 Mira el vídeo sin sonido. ¿Por qué piensa Pau que él y Mar eran la pareja ideal? ¿Qué gustos compartían Mar y Pau? Compara tus respuestas con tu compañero. Después, podéis volver a ver el vídeo con sonido para comprobar vuestras respuestas. (01:40-02:07)

....
....
....
....

5 Mira el vídeo y relaciona las frases de la columna de la izquierda con su final de la columna de la derecha. Hay dos finales que no se corresponden con ninguna frase. (02:07-final)

1 Mar le dijo a Pau que...	a como amigo.
2 Pau estaba...	b un poco cansado de Mar.
3 Mar quiere a Pau...	c le gustaba otro chico.
4 Pau piensa que...	d prefería no estar con nadie.
5 Nuria invita a su primo a...	e su prima es fantástica.
	f profundamente enamorado.
	g bañarse en la piscina.

C DESPUÉS

6 ¿Y para ti? ¿Qué características tiene que tener una pareja ideal? Coméntalo con tus compañeros y elaborad una lista entre todos.

- Yo creo que en una relación de pareja ideal tienen que tener gustos similares, por ejemplo, el deporte, el cine, los viajes...
- Yo no estoy de acuerdo, creo que pueden tener algunos gustos diferentes, pero lo importante es la sinceridad, el respeto, y hacer lo que a cada uno le gusta.

ACTIVIDADES VÍDEO 2

¿Sabes qué haría yo?

A ANTES

1 Observa la imagen, ¿qué crees que está haciendo Pau? Ordena la lista de actividades de más a menos relajantes. Coméntalo con tus compañeros.

1 Practicar algún deporte. ☐
2 Tocar un instrumento. ☐
3 Montar puzles. ☐
4 Hacer manualidades. ☐
5 Jugar con videojuegos. ☐
6 Usar las redes sociales. ☐
7 Ver series o películas de comedia. ☐
8 Meditar. ☐
9 Hacer taichí. ☐
10 Salir con los amigos. ☐
11 Ir de compras. ☐

■ Para mí la más relajante es ir de compras, me encanta probarme ropa, zapatos... y siempre me compro algo. Me siento mucho mejor después de ir de compras, se me olvidan los problemas y el estrés.

● ¿¿Sí?? ¡Uy! A mí me estresa mucho ir de compras, sobre todo si hay mucha gente. Yo creo que lo mejor para relajarse es hacer manualidades. Hacer cosas con las manos te ayuda a dejar descansar el cerebro.

B DURANTE

2a A Mira el vídeo y marca los adjetivos de carácter que se mencionan. (00:00–03:25)

1 ☐ sincero/a
2 ☐ divertido/a
3 ☐ triste
4 ☐ injusto/a
5 ☐ tonto/a
6 ☐ agradable
7 ☐ extrovertido/a
8 ☐ ordenado/a
9 ☐ sociable
10 ☐ insoportable
11 ☐ simpático/a
12 ☐ desagradable
13 ☐ inmaduro/a
14 ☐ alegre
15 ☐ deprimido/a
16 ☐ tacaño/a
17 ☐ fiel
18 ☐ insensible
19 ☐ aburrido/a
20 ☐ nervioso/a

UNIDADES 3/4 — Relaciones personales / El tiempo pasa

2b Vuelve a ver el vídeo y escribe en la lista del apartado **a**, el nombre del personaje del vídeo al que se refiere cada adjetivo: Pau (P), Nuria (N) o Álex (A). ¿Estás de acuerdo con los adjetivos que usan para definir a cada personaje? ¿Qué otros adjetivos añadirías para cada personaje? Coméntalo con tus compañeros. (00:00-03:25)

- Para mí Nuria no es injusta, yo creo que es muy valiente, sincera y madura, sus consejos son muy buenos.
- Pues yo estoy de acuerdo con Pau, creo que Nuria es injusta y no tiene empatía con Pau y también es muy pesada. Y creo que Pau es egoísta porque solo se preocupa por él y Álex es muy...

3a Mira estos dos fragmentos del vídeo y escribe los consejos que le dan a Pau, Nuria y Álex. (00:47-01:17) y (2:14-2:55).

Consejos de Nuria	Consejos de Álex

3b ¿Qué recomendaciones te parecen mejores para Pau, las de Nuria o las de su amigo? Coméntalo con tus compañeros.

A mí me parece muy buena la recomendación de Nuria de meditar. Creo que la meditación te ayuda a dejar de pensar en el pasado y estar conectado más con el presente. También me gusta el consejo que le da Álex de tener muchos planes porque...

C DESPUÉS

4 ¿Qué harías tú en la situación de Pau?

- Yo en su lugar borraría las fotos de mi ex del móvil, y también la bloquearía en las redes sociales, así no podría verla ni ver lo que escribe o sube a internet.
- Pues yo no borraría las fotos porque son recuerdos, pero saldría todas las noches para conocer gente, y haría muchos planes con los amigos. ¡Ah! Y me iría de viaje, sí, los viajes son muy buenos para olvidar.

5 ¿Conoces a alguien que ha pasado por una situación similar a la de Pau? ¿Qué hizo para superarlo? Coméntalo con tus compañeros.

- Mi amigo Tom estuvo saliendo cinco años con una chica y también estaba muy enamorado, como Pau. Él vivía en Londres y ella estaba estudiando en París. Un día, mi amigo, fue a París para darle una sorpresa a su novia, y la sorpresa fue para él, su novia estaba con otro chico.
- ¡Anda! ¿Y qué hizo tu amigo?
- Pues dejó a su novia, pero estuvo muy mal durante un año, no podía olvidarla... Los amigos le apuntamos a una web de contactos y empezó a quedar con chicas nuevas... Y allí conoció a su novia actual.

6 En el vídeo, Pau utiliza la siguiente expresión: "me siento como un perro abandonado". ¿Existe una expresión similar en tu lengua? Coméntalo con tus compañeros

ACTIVIDADES VÍDEO 3

No tomes café

A ANTES

1 Observa la imagen, ¿quién crees que puede recibir este consejo? ¿Qué otros consejos le podrías dar a esa misma persona? Coméntalo con tus compañeros.

- Yo creo que es un consejo bueno para las personas que son muy nerviosas.
- Sí, y también para los que no duermen bien.
- ¡Es verdad! Pues… para dormir bien por la noche es bueno tomar un vaso de leche caliente antes de acostarse…

B DURANTE

2 Mira el vídeo y contesta a las preguntas. (00:00–00:55)

1. ¿Dónde están practicando yoga? ....
2. ¿Quién es más ágil haciendo yoga? ....
3. Según Pau, ¿con qué compara Nuria el yoga? ....
4. ¿Desde cuándo duerme mal Pau? ....
5. Practicando yoga, según Nuria, ¿qué debe hacer Pau por la nariz y por la boca? ....

3 ¿Qué no le deja dormir a Pau? Mira el vídeo sin sonido y señala en la lista cuáles son los problemas que preocupan a Pau y en qué orden aparecen en el vídeo. (00:55 – 01:20)

1. ☐ El impacto de los cruceros y de los yates.
2. ☐ Los incendios forestales.
3. ☐ Que consumamos tanta carne.
4. ☐ Que su exnovia se enamore de otro.
5. ☐ Que no haya suficiente agua para todos.
6. ☐ Que el ruido de los barcos estrese a las plantas y los animales marinos.
7. ☐ Que su exnovia le olvide.
8. ☐ Que haya una nueva guerra.
9. ☐ La contaminación del mar.
10. ☐ Que talen los bosques y nos quedemos sin naturaleza.
11. ☐ Que la contaminación lumínica desoriente a las aves.

UNIDADES 5/6 — Salud y enfermedad / Nuestro mundo

4 Estas son algunas de las instrucciones que Nuria le da a Pau para meditar. Mira el vídeo sin sonido y complétalas con el verbo correspondiente del recuadro en imperativo. Ojo, sobran algunos verbos y otros pueden estar repetidos. (01:32-02:22)

> relajar • subir • abrir • sentir • estirar
> quedarse • relajar • cerrar • separar

1 .... las piernas y los brazos.
2 .... los ojos.
3 .... los dedos de los pies, las piernas.
4 .... la cadera, las manos, los brazos.
5 .... el peso de la cabeza.
6 .... la frente, la boca.
7 No .... dormido.

5 Mira el vídeo y señala si las siguientes afirmaciones son verdaderas (V) o falsas (F). (02:23-04:30)

	V	F
1 Pau se duerme mientras desayuna.		
2 Pau ya ha tomado más de dos cafés.		
3 Pau quiere más café porque ha dormido mucho por la noche.		
4 Nuria le aconseja dejar el café para dormir mejor.		
5 Pau le agradece a su prima los consejos que le da.		
6 Nuria se ofrece para escuchar a Pau siempre que tenga problemas.		
7 Nuria le miente a Álex sobre Pau.		
8 Álex invita a Nuria y a Pau a comer en Peñíscola.		
9 Nuria está muy contenta porque van a ir en barco con Álex.		
10 La comida con Álex es en Peñíscola.		

C DESPUÉS

6 ¿Crees que los problemas que le preocupan a Pau son los mismos que los que preocupan a los jóvenes de tu país? ¿Qué otros problemas piensas que preocupan a los jóvenes? ¿Cuáles serían las posibles soluciones? Coméntalo con tu compañero.

- Yo creo que el medioambiente y la contaminación del planeta les preocupa a todos los jóvenes, bueno, no solo a los jóvenes. Pero en mi país los problemas que más preocupan a los jóvenes son el trabajo y la vivienda. Los pisos son muy caros y tienen que seguir viviendo con sus padres.
- Sí, en mi país también es un problema para los jóvenes alquilar un piso porque son muy caros. Pero creo que los problemas del medioambiente es lo que más les preocupa, como a Pau.
- Pues a mí me parece que los jóvenes son los que pueden salvar el planeta y es muy importante que los gobiernos los escuchen.

ACTIVIDADES VÍDEO 4

Si se quedara de vacaciones

A ANTES

1a ¿Qué sabes de Rosalía? Observa la imagen y completa el cuadro.

¿Qué sabes de ella?
¿Qué no sabes con seguridad?
¿Qué te gustaría saber?

1b En grupos, con la ayuda de internet, comprobad la información del apartado **a**.

B DURANTE

2a Mira el vídeo, sin sonido y relaciona las frases de la izquierda con las de la columna de la derecha. ¿Quién crees que dice cada frase, Pau (P) o Álex (A)? Escribe el nombre al final de cada frase. (00:00-00:57)

1 Si me llamara y me dijera que quiere volver, …
2 Si quisieras, …
3 Si me ofrecieran un trabajo de media jornada, …
4 Si me pasaras algún contacto, …
5 Me interesaría…

a te lo agradecería.
b si no estuviera preparando oposiciones.
c lo aceptaría.
d podrías trabajar de jardinero.
e yo sería feliz.

2b Vuelve a mirar el vídeo y comprueba tus respuestas.

3a Mira el vídeo y contesta a las preguntas. (00:57-01:19)

1 ¿A quién vio Álex? ....
2 ¿Cuándo? ....
3 ¿Cómo reacciona Pau a la información que le da Álex? ....

3b ¿Qué crees que pasaría si Mar se quedara de vacaciones en Benicàssim? Coméntalo con tus compañeros.

- Yo creo que se encontraría con Pau, Benicàssim parece un pueblo pequeño y podrían coincidir.
- Pues si Pau y Mar se encontraran, seguro que Pau se alegraría mucho.

UNIDADES 7/8   Trabajo y profesiones / Tiempo de ocio

4 Mira el vídeo y señala la opción correcta en cada caso. (1:21-3:09)

1. Pau no fue al concierto de Rosalía…
   - a porque no lo invitaron.
   - b para no coincidir con Mar.
   - c porque prefirió ver deportes.

2. Álex y Mar, durante el concierto, estuvieron…
   - a los dos solos.
   - b juntos con sus amigos.
   - c cada uno con sus amigos.

3. Mar está en Benicàssim…
   - a por un posible trabajo.
   - b pasando las vacaciones de verano.
   - c porque va a trabajar en Castellón.

4. Mar…
   - a habla cuatro idiomas.
   - b confía en superar la entrevista.
   - c opta a un trabajo con salario bajo.

5. Pau…
   - a no quiere saber nada más de Mar.
   - b quiere llamar a Álex más tarde.
   - c no quiere que Alex se quede.

5 Imagina que Pau le explica a su prima Nuria la conversación que ha tenido con Álex, en el jardín, sobre el encuentro con Mar y lo que pasó en el concierto. Mira el vídeo y completa el texto con la información que falta. (01:22-03:09)

Álex me dijo que había visto a Mar en un concierto de Rosalía. Un concierto al que me había invitado, pero al que yo no fui porque quería ver los Juegos Olímpicos.
Yo le pregunté si (1) .... (ver) con quién (2) .... (ir) Mar.
Álex me dijo que sí, que (3) .... (estar) juntos todo el concierto. Que (4) .... (acercarse) a saludarla y, mientras hablaba con ella, su amiga, que se sabía todas las canciones, (5) .... (ponerse) a bailar con los amigos de Álex. Y que (6) .... (acabar) todos juntos bailando, cantando… Y que me (7) .... (perder) una actuación espectacular.
Yo le pregunté si Mar (8) .... (seguir) en Barcelona.
Álex me dijo que sí, que Mar le (9) .... (contar) que (10) .... (venir) para presentarse a una entrevista de trabajo para una empresa muy importante de Castellón. Que (11) .... (buscar) ejecutivos con idiomas.
Yo le dije que Mar (12) .... (graduarse) en Dirección de Empresas y que sabía inglés, francés y chino y que seguro que la (13) .... (contratar).
Álex me comentó que Mar le había dicho que no (14) .... (tener) muchas esperanzas. Que (15) .... (ser) un puesto bien remunerado y se (16) .... (presentar) mucha gente.
Entonces le llamaron por teléfono y me dijo que se (17) .... (tener) que ir.
Después le pregunté si Mar le (18) .... (decir) cuánto tiempo (19) .... (quedarse).
Álex me dijo que ya me (20) .... (llamar).

C DESPUÉS

6 Si tú fueras Pau, ¿qué harías si Mar se quedara de vacaciones en Benicàssim? Coméntalo con tus compañeros.

- A mí no me importaría coincidir con ella, la invitaría a tomar algo, y a lo mejor…
- ¡Uy! Yo no, si yo estuviera tan enamorado como Pau… preferiría no encontrármela, me dolería mucho verla. Además, si estuviera en una casa con piscina como él, creo que no saldría para no coincidir.

ACTIVIDADES VÍDEO 5

Te deseo lo mejor

A   ANTES

1 Observa las imágenes, pertenecen al mismo hotel, situado en Benicàssim, en épocas diferentes. ¿Qué similitudes y diferencias crees que existen entre las vacaciones de las dos épocas? Coméntalo con tus compañeros.

(Años 20 del siglo XX)

(Años 20 del siglo XXI)

- Yo creo que en los años 20 la gente era más formal vistiendo, aunque estuvieran de vacaciones. Ahora, cuando estás en un hotel de playa, la gente está relajada, en pantalón corto, camiseta...
- Bueno, no estoy muy de acuerdo. Ahora, con las redes sociales, hay mucha gente que está pendiente de la ropa de marca, del lo que toma en el bar, pero no para disfrutar sino para subir la foto a Instagram, o Facebook. En cambio, yo creo que antes la gente disfrutaba más del momento, con la gente que conocía en el lugar...

B   DURANTE

2a Mira el vídeo sin sonido, ¿qué crees que está pasando? Coméntalo con tus compañeros. (00:00-00:23)

- Yo creo que Pau se ha encontrado a su exnovia y están juntos otra vez, porque Pau la coge en brazos y se ríen...
- No sé... ¿por qué las imágenes con su exnovia se ven en blanco y negro?

2b Vuelve a ver el vídeo con sonido y comprueba tus hipótesis.

3 Mira el vídeo y contesta a las preguntas. (00:35-01:41)

1. ¿Cuál era el lugar favorito de Pau y su exnovia? ....
2. ¿Cómo se llama la película que se filmó en el hotel Voramar en los años 50? ....
3. ¿Quién fue el director de la película? ....
4. ¿Cómo fueron Pau y su exnovia la primera vez a Benicàssim? ....
5. ¿Dónde se alojaron? ....
6. ¿Dónde pasa las vacaciones Pau desde que era pequeño? ....

UNIDADES 9/10   Noticias / Tiempo de vacaciones

4a Mira el vídeo sin sonido y señala cuál de los tres textos crees que resume lo que ocurre. Coméntalo con tus compañeros. (01:42-02:34)

Mar y Pau se encuentran paseando por la playa...

1
Pau se alegra de verla y está feliz, pero Mar no sabe de qué hablar, está nerviosa y tiene ganas de marcharse. Cuando se da la vuelta para irse, Pau la llama y le explica lo mal que lo está pasando sin ella, que la sigue queriendo y que quiere volver con ella. Entonces Mar, al escucharlo, se da cuenta de que también lo quiere y le dice que ella también quiere estar con él, y se abrazan.

2
Pau está muy contento de ver a Mar, se interesa por su vida, y Mar le explica que se va a trasladar a vivir a Benicàssim porque la han seleccionado para un trabajo. Pau se alegra y quiere quedar con Mar para celebrarlo, pero ella le da excusas. Cuando Mar decide marcharse, Pau la llama para desearle que le vaya todo muy bien, ella se lo agradece y le da un abrazo antes de irse.

3
Pau sonríe al ver a Mar, se le nota que sigue enamorado. Mar se muestra cordial pero más fría. Hablan de la entrevista de trabajo de Mar, de su traslado a Benicàssim... Mar se despide y cuando se da la vuelta para irse, Pau la llama y se sincera, le dice que desea que todo sea como antes, ella le dice que no puede ser, se acerca para abrazarlo y desearle lo mejor.

4b Vuelve a ver el vídeo, con sonido, y comprueba si es correcta tu elección.

C DESPUÉS

5 En el vídeo aparece una película del director de cine español muy famoso, Luis García Berlanga. ¿Lo conoces?, ¿has visto alguna película suya? Busca información en internet sobre él y prepara una pequeña presentación.

6 Mar quería conocer Benicàssim porque Pau le había hablado mucho de ese pueblo. ¿Y tú? ¿Hay algún lugar del que te han hablado y te gustaría conocer y pasar unas vacaciones? Coméntalo con tu compañero.

- Tengo un amigo, Claude, que siempre me habla del pueblo de sus abuelos Marseillan, es un pueblo de costa, en el sureste de Francia. Me ha dicho que tengo que ir, que es precioso, que se come muy bien, y en verano se puede practicar vela y windsurf...
- ¡Sí, lo conozco! Estuve una vez hace años, con unos amigos, es muy bonito, te lo recomiendo. A mí me encantaría conocer Chile, tuve una novia chilena que me hablaba de tantos lugares bonitos para visitar...

ACTIVIDADES VÍDEO 6

La esperanza es lo último que se pierde

A ANTES

1 ¿Significan lo mismo? Escribe el significado de los siguientes pares de palabras.

1 Mercado / Mercadillo
2 Volver / Devolver

....
....
....
....

2a De compras por España. Con ayuda de internet, relaciona cada mercadillo con la ciudad en la que se celebra. ¿Qué mercadillos son famosos en tu país? Coméntalo con tus compañeros.

El Rastro

MERCADILLOS

1 La Alcaicería	a Oviedo
2 El Rastro	b Sevilla
3 Los Encantes	c Granada
4 El Jueves	d Toledo
5 El Fontán	e Barcelona
6 The Sunday Market	f Santiago de Compostela
	g Bilbao
	h Madrid

86 ochenta y seis

UNIDADES 11/12 Tiempo de compras / Fiestas y tradiciones

2b ¿Qué mercadillos conoces en tu país? ¿Cuáles recomendarías? Coméntalo con tus compañeros.

- En Oporto hay muchos mercadillos, el más famoso creo que es La Feira da Vandoma, es como El Rastro de Madrid. Se celebra los sábados por la mañana. Es muy grande y puedes comprar cualquier cosa de segunda mano que se te pueda ocurrir. A mí me gusta ir para buscar libros antiguos y discos de vinilo. Pero aunque no encuentre nada es igual, es muy agradable ver los diferentes puestos…

- Pues a mí, un mercadillo que me encanta y siempre visito cuando viajo a Londres es Portobello. En mi casa tengo muchas cosas que he comprado allí, en diferentes visitas.

B DURANTE

3a Mira el vídeo y señala la opción correcta en cada caso. (00:00-01:14)

1 Pau ha ido:
 - a Al mercado.
 - b Al mercadillo.
 - c Al mercado y al mercadillo.

2 Nuria cree que Pau…
 - a no tiene ni idea de preparar paellas.
 - b es un experto en hacer paellas.
 - c y ella pueden preparar la paella el domingo.

3 A Nuria, las chanclas…
 - a le quedan grandes.
 - b no le gustan.
 - c le parecen incómodas.

4 Como solución a las chanclas, Pau le ofrece a Nuria…
 - a quedárselas él para no volver al mercadillo.
 - b devolverlas y recuperar el dinero.
 - c cambiarlas por otras más pequeñas.

3b Vuelve a mirar el último fragmento del vídeo. ¿Crees que Pau está siendo amable con su prima de forma sincera o porque tiene otras intenciones? (01:14-01:24)

- Pau parece un chico amable, yo creo que es sincero con su prima porque está en su casa y ella le está ayudando mucho…

- Pues… no sé, demasiado amable… Además, Nuria dice que Pau es muy poco aficionado a los mercadillos, yo creo que…

3c Mira el final del fragmento del vídeo y comprueba tus hipótesis. (01:24-01:55)

4 Mira el vídeo y señala los ingredientes que ha preparado Pau para la paella. (02:08-02:30).

1 ☐ Vinagre   4 ☐ Sal   7 ☐ Ajo   10 ☐ Pimiento   13 ☐ Arroz
2 ☐ Tomate   5 ☐ Azúcar   8 ☐ Agua   11 ☐ Pollo   14 ☐ Gambas
3 ☐ Pimienta   6 ☐ Perejil   9 ☐ Vino   12 ☐ Setas   15 ☐ Aceite

5 Mira el vídeo y completa la ficha de la fiesta popular que aparece en las imágenes. (02:30-02:49)

Nombre: ....
Lugar: ....
Fecha: ....
¿En qué consiste? ....
....
....
....
....

ACTIVIDADES VÍDEO 6

6 Mira el vídeo y ordena los pasos de la receta de la receta de Álex para la paella. (02:50-03:40)

a ☐ Se echa el arroz.
b ☐ Se echa el agua.
c ☐ Se deja hervir hasta que toda el agua se evapora.
d ☐ Se sofríe la carne y las verduras.
e ☐ Se hierve todo.

C DESPUÉS

7a Relaciona las siguientes fiestas gastronómicas de España con su definición. ¿Cuál te parece más interesante? Coméntalo con tu compañero.

1 Fiesta del marisco en O'Grove. ☐
2 Fiesta del atún en Barbate ☐
3 Feria del vino en Haro. ☐

A
La primera semana de mayo, en esta localidad del sur de España, se celebra una fiesta en la que este pescado es el protagonista. Con él, se preparan diferentes platos y un concurso de tapas.

B
En este pueblo de la Rioja, tiene lugar posiblemente una de las fiestas más divertidas de España. Se celebra en junio, y durante la fiesta no se para de mojar con vino a las personas que por allí están.

C
Es una de las fiestas gastronómicas más antigua de Galicia y, posiblemente, una de las más internacionales. En ella se puede degustar excelentes berberechos, almejas, mejillones, pulpo, nécoras... preparados de diferentes formas.

7b Completa una ficha, como en la actividad 5, de una fiesta gastronómica que conozcas y preséntasela a tus compañeros.

Nombre: ....
Lugar: ....
Fecha: ....
¿En qué consiste? ....
....
....
....
....
....

TRANSCRIPCIONES

UNIDAD 1

4 Pista 1

Yo vivo en Sevilla desde los 12 años. Vine aquí del pueblo a trabajar en la tienda de alimentación de mis tíos. Trabajé allí hasta los 25 años, que fue cuando me casé. Entonces dejé la tienda, pero como yo sabía coser, pues hacía vestidos y trajes por encargo: vestidos de diario, de novia…, de todo tipo. Ahora tengo 81 años, hace ya más de 10 años que no coso porque no veo bien, pero, bueno, estoy activa y me gusta aprender las cosas de ahora. El móvil que tengo me lo regalaron el año pasado, y uso el *whatsapp* para hablar con mis hijos y nietos. Y todos los lunes voy al centro de mayores de mi barrio a clase de informática.

A mi hijo mayor lo veo mucho, porque vive cerca del barrio. Al otro hace bastante que no lo veo, porque se fue a vivir a Nueva Zelanda con su familia. La última vez que estuvo aquí fue en Navidad, que cenamos todos juntos en casa.

2 Pista 2

MUJER: ¿Sabes cuándo vendrá Daniela?
HOMBRE: Sí, hoy llegará más o menos a las 20:00 (ocho).
MUJER: Vale, entonces la esperaré para cenar. Es que luego, a las 22:00 (diez), me voy al cine.
HOMBRE: Pero ¿tú no te quedarás a ver el partido conmigo? Iba a encargar unas pizzas.
MUJER: Bah, no…Ya veré luego el resumen en la tele. Estoy segura de que ganará mi equipo. Además, si comemos tanta comida basura, los dos engordaremos un montón. Y Ester y Raúl se casarán el mes que viene, así que no quiero tener que arreglar la ropa que hemos comprado para la boda porque ya no nos sirve. Me han dicho que, de viaje de novios, irán a Jamaica. ¡Qué suerte! ¡Cuándo haremos nosotros un viaje así!
HOMBRE Ya…
MUJER: Por cierto, ¿Daniela llega siempre tan tarde? Es que nunca la veo estudiar… ¿Crees que aprobará el curso?
HOMBRE: No te preocupes, estoy seguro de que hará muy bien todos los exámenes. Y este verano podrá disfrutar de las vacaciones

6 Pista 3

1 Sé hablar alemán, español e inglés.
2 Ayer vino a clase un chico muy tímido que tenía unos ojos preciosos.
3 ¿Cuándo llegó Álvaro de Málaga?
4 Me gustan muchísimo los pájaros.
5 ¡Que tengáis un buen viaje!
6 ¡Qué simpático es Luis!
7 Llego tarde a la oficina todos los días por culpa del autobús.
8 Deberías hablar con él.
9 El examen de matemáticas es la próxima semana.
10 Anteayer estudié gramática toda la tarde.
11 Álvaro se compró un coche de segunda mano y a los dos meses se le estropeó.
12 ¿Por qué no vino María a la reunión de Biología?
13 Ramón, ¿cuántas veces te he dicho que no juegues con el balón en el jardín?
14 No me acordé de que había quedado con Úrsula y la dejé plantada, no fui a la cita.
15 Óscar no abrió la boca y su jefe le preguntó si no tenía nada que decir.
16 Si no te das prisa, llegarás tarde.

UNIDAD 2

2 Pista 4

1 Metro de Madrid informa de que el próximo tren no admite viajeros.
2 Metro de Madrid informa de que, por obras en la línea cinco, permanecerá cortado el tramo entre las estaciones de Núñez de Balboa y Ópera.
3 Final de trayecto.

4 Pista 5

Pues a mi abuela le pasó una cosa divertidísima en el autobús: era por la mañana y se sentó en un asiento al lado de la ventanilla. Y al poco rato se sentó a su lado un chico con el pelo largo y sin afeitar. Bueno, pues a mi abuela se le ocurrió mirar su reloj para ver la hora… ¡y resulta que el reloj no estaba en su muñeca! Y entonces, claro, enseguida pensó que el chico ese de al lado, con ese aspecto que tenía, le había robado el reloj. Se enfadó muchísimo, cogió las llaves y se las puso al chico pegadas al cuerpo, y le dijo: "¡Pon ahora mismo el reloj en mi bolso! ¡Y calladito, que tengo un cuchillo!". Y entonces el chico, claro, se asustó un montón, se quitó el reloj y se lo metió en el bolso. Bueno, pues mi abuela se bajó enseguida del autobús, miró en el bolso y se quedó extrañadísima porque aquel reloj no era el suyo. El caso es que, cuando llegó a casa, vio que se le había olvidado su reloj en la mesilla de noche.

4 Pista 6

CARLOS: ¿Sabes que estamos pensando en hacer un intercambio de casa?
JOSÉ: ¡Anda, pues, qué interesante! ¿Y ya sabéis dónde?

TRANSCRIPCIONES

INÉS: Nos encantaría ir a algún lugar de Brasil, que esté en la ciudad y cerca de la playa, porque a los niños les gusta mucho.
CARLOS: Sí, sí, una ciudad con playa y con cosas para ver, y que tenga cerca algún sitio para hacer compras.
JOSÉ: ¿También vais a intercambiar el coche? Sé que hay gente que lo hace.
INÉS: No, no, a nosotros no nos interesa. Es que estamos hartos de coger el coche para todo, así que iremos andando o en transporte público.
JOSÉ: ¿Y cuándo pensáis ir?
INÉS: Tiene que ser en las vacaciones escolares, porque así podemos ir los cinco. A mis tres hijos pequeños les encanta el plan.
JOSÉ: No me extraña, a mí también ¿Queréis un cigarrillo?
CARLOS: No, gracias, no fumamos.

PROCESOS Y ESTRATEGIAS 1

2 Pista 7

ENTREVISTADORA: Buenas tardes, Juan José, y bienvenido a Disco Radio.
JUAN JOSÉ: Hola, qué tal. Encantado de estar con vosotros.
ENTREVISTADORA: Eres uno de nuestros guitarristas más conocidos. ¿Desde cuándo tocas la guitarra?
JUAN JOSÉ: Desde niño. En mi casa siempre ha habido música; en todas las fiestas y reuniones familiares la gente cantaba, tocaba y bailaba.
ENTREVISTADORA: ¿Cuándo diste tu primer concierto?
JUAN JOSÉ: En 1997. Tenía 16 años. Y desde entonces no he dejado de subirme a los escenarios.
ENTREVISTADORA: Eres uno de los miembros del grupo Río Revuelto. ¿Cuánto tiempo hace que tocáis juntos?
JUAN JOSÉ: Llevamos ya 10 años juntos. Es un placer trabajar con personas con las que es tan fácil sacar proyectos adelante, nos llevamos muy bien, la verdad.

UNIDAD 3

6 Pista 8

MIGUEL: Hola, Susana, ¿qué tal?
SUSANA: Hola, Miguel, bien. Hace tiempo que no te veo. ¿Qué estás haciendo ahora?
MIGUEL: Pues la verdad es que estoy buscando trabajo. Hace tres meses cerraron la empresa donde trabajaba y me quedé en la calle. ¿Y tú?
SUSANA: Yo, bien, ahora trabajo en el hospital del Mar.
MIGUEL: No me digas, no lo sabía. ¿Cuánto tiempo hace que trabajas ahí?
SUSANA: Solo dos meses, estoy muy contenta.
MIGUEL: Me alegro mucho. Yo todos los días miro las ofertas de empleo en internet. Ayer tuve una entrevista, no sé si me llamarán.
SUSANA: Claro que sí, hombre. Seguro que tienes suerte.

2 Pista 9

RAÚL: A mí me gusta mucho hablar, de hecho, siempre estoy hablando, ja, ja, sí..., para mí la conversación es algo muy importante. Sobre todo hablar de temas de actualidad, fútbol, baloncesto, política...
SILVIA: Yo la verdad es que estoy muy a gusto en casa. Me encanta quedarme tranquilamente viendo películas siempre que puedo, sobre todo los fines de semana y, si puede ser, no moverme del sofá. ¡Ahhh..., es estupendo no tener que trabajar!
ALICIA: Lo que más me gusta de Alicia es su manera de ser: es que enseguida, en cuanto te ve, te da dos besos y un abrazo, y te pregunta qué tal estás tú y toda tu familia.
JORGE: A Jorge le encanta ayudar a los demás, siempre está echando una mano a alguien, es que no para, siempre está haciendo cosas. Y colabora con varias ONG.

UNIDAD 4

1 Pista 10

ENTREVISTADOR: Manuel, ¿dónde has estado?
MANUEL: ¡Uf! He estado en tantos sitios..., el Polo Norte, Tailandia, España, la Patagonia, la selva del Amazonas... La lista es demasiado larga.
ENTREVISTADOR: ¿Qué es lo más peligroso que has hecho?
MANUEL: Bucear en una zona llena de tiburones. La verdad es que pasé muchísimo miedo: es impresionante verlos tan de cerca.
ENTREVISTADOR: Seguro que has tenido que comer cosas rarísimas. ¿Has probado la carne de serpiente?
MANUEL: Pues no, nunca, pero me han dicho que está riquísima.
ENTREVISTADOR: Cuéntanos tu última aventura.
MANUEL: He dado la vuelta al mundo en bicicleta en muy poco tiempo. Ha sido durísimo, pero muy interesante.
ENTREVISTADOR: ¿Cuál es el paisaje más impresionante que has visto?
MANUEL: Recuerdo muchos lugares increíbles. Pero me impresionó mucho el desierto de Atacama, en Chile, porque parecía que estaba andando por la Luna.
ENTREVISTADOR: Y tu familia, ¿qué opina de todas estas aventuras?

MANUEL: Mi mujer siempre ha respetado mi pasión por el riesgo. Además, ella misma ha venido conmigo en muchos de mis viajes. Mis padres lo llevan peor, pero bueno, poco a poco se han ido acostumbrando.

PROCESOS Y ESTRATEGIAS 2

4 Pista 11

PERSONA 1: ¿Álvaro? Es un chico muy tranquilo. Le gusta relajarse, desconectar… Es que el pobre tiene un trabajo muy estresante. Yo le regalaría algo que le permita descansar y olvidarse un poco de la oficina.

PERSONA 2: Yo en tu lugar le regalaría algo relacionado con el agua o el mar. A Álvaro le encantan los deportes acuáticos, nadar, escaparse a la playa, al río… Cosas así.

PERSONA 3: Si yo fuera tú, le regalaría algo pequeño o que no ocupe espacio, porque su piso no es muy grande, y además lo tiene ya lleno de libros y de trastos. Tiene de todo, la verdad.

UNIDAD 5

1 Pista 12

Visualice su cuerpo mientras respira lenta y profundamente. Haga un recorrido desde los *pies* a la *cabeza*. Empiece por relajar la *cara*, la *lengua*, los *labios*… Relaje los músculos de sus *ojos*: sus *cejas*, sus *pestañas*… Sienta su *frente* relajada e imagine que alguien está pasando despacio un cepillo muy suave por sus *cabellos*.

Deje que cada parte de su cuerpo sea atraída por la gravedad: la cabeza, el *cuello*, los *hombros*, la *espalda*… Ahora cada parte de su cuerpo es muy pesada: los *brazos*, el *pecho*, el *abdomen*… Sus *piernas* son cada vez más pesadas: sienta como poco a poco se relajan sus *caderas*, sus *muslos*, sus *tobillos*… Sienta sus pies más y más relajados: el *talón*, cada uno de los *dedos*… Cualquier tensión desaparece poco a poco…

8 Pista 13

1
A: ¿Qué te pasa?
B: Nada, que me duele mucho la espalda.
A: Pues hombre, evita las malas posturas. Y no cojas peso ni estés tanto tiempo sentado. Y, sobre todo, haz algo de ejercicio suave.

2
A: ¿Qué te pasa?
B: Nada, que estoy muy estresado.
A: Pues no trabajes tanto. Busca algún momento para relajarte y haz meditación. Y, sobre todo, sal y distráete.

3
A: ¿Qué te pasa?
B: Nada, es que me siento débil.
A: Pues aliméntate mejor, descansa y no hagas grandes esfuerzos. Y, sobre todo, ve al médico para saber qué te pasa.

4
A: ¿Qué te pasa?
B: La verdad es que estoy deprimido.
A: Pues pon música alegre y baila. No te preocupes demasiado por las cosas ni veas las noticias. Y, sobre todo, habla con personas positivas y no te aísles.

9 Pista 14

orejas, jarabe, gotas, alergia, coger, congestión, digestión, masaje, agitar, guerra, lentejas, berenjenas, garbanzos, gesto, gel, guiso, guisantes.

UNIDAD 6

5 Pista 15

CARLOS: A mí, me molesta muchísimo que alguien llegue tarde a una cita. Es que no lo soporto…
SANDRA: Sí, sí, tienes razón, a mí tampoco me gusta nada. Me parece de muy mala educación.
DIANA: Pues yo no soporto que me insistan para que coma más de algo. Mi tía siempre lo hace cuando voy de visita a su casa y, vamos, me pone de los nervios.
SANDRA: A mí, lo que más me fastidia es que alguien se ponga a fumar en mi casa sin pedirme permiso.
ALBERTO: Bueno, pero eso no es muy normal, ¿no? Normalmente se pide permiso.
SANDRA: Sí, pero no te creas, ¿eh?, que hay gente que lo hace.
ALBERTO: Oye, ¿y no os pasa que todo el mundo os da consejos sobre cómo cuidar a vuestros hijos? ¡Incluso gente que no los tiene! A mí es una cosa que me da mucha rabia.

PROCESOS Y ESTRATEGIAS 3

2 Pista 16

ALBA: Buenos días.
DOCTOR: Buenos días. ¿Qué le pasa?
ALBA: Es que ayer me caí, y ahora me duele mucho el tobillo y no puedo andar bien.
DOCTOR: Vale, vamos a ver… Tienes el tobillo hinchado. ¿Te duele si hago esto?
ALBA: No…

TRANSCRIPCIONES

DOCTOR: ¿Y esto?
ALBA: ¡Ay, sí, sí...! ¡Eso sí me duele mucho!
DOCTOR: De acuerdo. No está roto, solo te lo has torcido. Necesitas una semana de reposo y ponerte hielo en el tobillo tres veces al día. Y si te duele mucho, puedes tomar un analgésico dos veces al día. ¡Ah! y vas a necesitar unas muletas. Puedes pedir unas en recepción.
ALBA: Vale, gracias.

UNIDAD 7

7 Pista 17

ENRIQUE: Adela, mira qué cuestionario hay en esta revista sobre tu estado de ánimo en el trabajo. ¿Quieres que te haga las preguntas?
ADELA: Bueno, si no es muy largo...
ENRIQUE: A ver... pregunta número 1. Si tu jefe te encarga un nuevo proyecto diciéndote que si lo haces bien subirías de categoría en la empresa, ¿cómo te sentirías? a) emocionada, es la oportunidad que estaba esperando; b) indiferente, no me interesa ascender; c) con pocas esperanzas, no es la primera vez que me lo proponen.
ADELA: Me sentiría emocionada.
ENRIQUE: Vale. Pregunta número 2. Si una empresa de la competencia te ofreciera un puesto de trabajo con una pequeña subida de sueldo, ¿cómo reaccionarías? a) rechazarías la oferta porque estás a gusto en tu empresa; b) estudiarías la oferta, aunque el dinero no es lo más importante en tu vida; c) aprovecharías la oportunidad para cambiar de empresa.
ADELA: La a. Yo estoy muy a gusto en mi empresa. La rechazaría sin dudar.
ENRIQUE: Pregunta número 3. Si en la cena de Fin de Año que organiza tu empresa te dieran un premio por tu buena actuación, ¿qué pensarías? a) me lo merecía. Ya era hora de que reconocieran mi trabajo en la empresa; b) ha sido una gran sorpresa. Nunca me lo hubiera imaginado; c) la verdad es que me da lo mismo. No me interesan los premios.
ADELA: Para mí sería una gran sorpresa.
ENRIQUE: Ahora la 4. Si tu empresa te propusiera un puesto en la dirección, ¿qué dirías? a) me siento preparada para el nuevo cargo; b) no estoy segura de tener éxito en el nuevo puesto, mejor se lo proponen a otro compañero; c) con la ayuda de mis compañeros podría intentar sacar la nueva tarea adelante.
ADELA: Yo creo que lo intentaría con la ayuda de mis compañeros.
ENRIQUE: Y ahora la última. Si tu jefe te propone que en tu nuevo puesto de vez en cuando tendrás que viajar fuera de tu ciudad, ¿qué le contestarías? a) no puedo, tengo familia; b) me encanta viajar, no me importaría; c) estaría dispuesta, si los viajes no son muy frecuentes.
ADELA: En este momento no me importaría. Ya sabes que me encanta viajar.
ENRIQUE: Contigo la empresa estaría encantada. Eres la trabajadora ideal, entusiasta y dispuesta. Espero que te dure mucho tu puesto de trabajo.

UNIDAD 8

5 Pista 18

ENTREVISTADOR: Esta mañana tenemos con nosotros a Emilio Pedal, uno de nuestros ciclistas más famosos. Buenos días, Emilio.
EMILIO: Buenos días.
ENTREVISTADOR: Bueno, tú debes de llevar ya muchos años sobre ruedas, ¿cuándo te regalaron la primera bicicleta?
EMILIO: Pues..., con cuatro años.
ENTREVISTADOR: ¿De verdad?
EMILIO: Sí, sí, con cuatro añitos ya iba yo en bici por las calles de mi pueblo.
ENTREVISTADOR: Te habrás dado muchos golpes...
EMILIO: Pues sí, unos cuantos. Pero ya sabes, cuando te gusta una cosa, pues...
ENTREVISTADOR: Claro, claro... Oye, y, bueno, todos sabemos que los deportistas profesionales pasáis mucho tiempo entrenando pero, cuando tienes tiempo de relajarte un poco, ¿qué haces?
EMILIO: Bueno, pues a mí me gusta mucho ir al campo, ir a pescar y todo eso, eso me relaja mucho.
ENTREVISTADOR: Emilio, ¿hay algo que no te guste de ti, algún defecto?
EMILIO: Sí... que soy muy perfeccionista. A veces es una cosa buena en tu trabajo, pero otras hay que parar y no exigirse tanto a uno mismo. Todos tenemos nuestros límites.
ENTREVISTADOR: Claro... Y, con tanto éxito, tantos premios, ¿tienes todavía algún sueño, algo que tengas muchas ganas de conseguir?
EMILIO: ¿Un sueño? Bueno, sí, claro, ganar otra vez la Vuelta a la Gran Montaña.
ENTREVISTADOR: Mmmhhhh la Vuelta, que sería ya tu cuarta vez, ¿no?
EMILIO: Sí, sí, la cuarta.
ENTREVISTADOR: Bueno, Emilio, te veo muy bien, en plena forma, pero sabemos que hace cuatro años tuviste un accidente importante. ¿Ha sido duro, Emilio?

EMILIO: Sí, efectivamente. Tuve que dejar de competir un tiempo y hacer una rehabilitación bastante larga y dura, sí, pero también esto me ha dado mucha fuerza, ¿no?, y... bueno, superar este accidente ha sido mi victoria más importante.
ENTREVISTADOR: Una última pregunta, Emilio, antes de despedirnos, ¿cuántas bicicletas tienes?
EMILIO: ¿Que cuántas? Pues... ahora mismo cinco.
ENTREVISTADOR: ¿Cinco? ¡Qué bárbaro!
EMILIO: (Risas) No son tantas, hombre. Para un ciclista profesional...

1 Pista 19

JESÚS: ¿Quieres que vayamos al cine?
ISABEL: Esta tarde no me apetece salir. ¿Qué te parece si nos quedamos en casa viendo la tele?
JESÚS: No sé qué decirte, porque la programación no parece muy interesante.
ISABEL: ¿A qué hora ponen ese concurso tan divertido?
JESÚS: ¿*Cifras y Letras*? Es muy pronto. A las cinco de la tarde. Yo prefiero ver un buen documental.
ISABEL: Mira, hay uno sobre turismo en España a las seis de la tarde. Y esta noche podemos ver el capítulo siguiente de la serie de los abogados.
JESÚS: Ya no la ponen. La quitaron hace quince días. Esta noche la única posibilidad es ver las noticias de la 2, y luego ponen una película de aventuras en Telemadrid.
ISABEL: ¿Cuál?
JESÚS: *La máscara del Zorro*. Debe de ser divertida.
ISABEL: ¿No prefieres ver el partido de esta noche?
JESÚS: Hoy no hay partido. Es mañana, por eso pensaba que sería mejor que hoy saliésemos a cenar.

PROCESOS Y ESTRATEGIAS 4

1 Pista 20

ENTREVISTADOR: Háblame de ti, Elisa.
ELISA: Siempre me ha interesado la gastronomía. Por eso estudié el Grado en la Escuela Internacional de Cocina, y después hice un curso de especialización en Pastelería. He sido cocinera durante dos años en el restaurante Delicia. La verdad es que soy muy trabajadora, me gustan las cosas bien hechas, trabajar en equipo y cuidar los detalles.
ENTREVISTADOR: ¿Cuáles son tus mayores cualidades?
ELISA: Creo que mis ganas de aprender, mi capacidad de organización y mi pasión por mi trabajo. Además, soy una persona muy creativa.
ENTREVISTADOR: ¿Cuáles son tus mayores defectos?
ELISA: A veces soy un poco impaciente y me molestan las críticas, pero estoy mejorando.
ENTREVISTADOR: ¿Por qué quieres este empleo?
ELISA: Porque para mí es un reto trabajar en uno de los mejores restaurantes de la ciudad, sé que voy a aprender mucho aquí. Y también puedo aportar ideas nuevas.
ENTREVISTADOR: ¿Dónde crees que estarás en cinco o diez años?
ELISA: En vuestro equipo de cocineros, por supuesto.
ENTREVISTADOR: ¿Cuánto te gustaría ganar?
ELISA: 1500 euros al mes sería un buen sueldo para mí.
ENTREVISTADOR: ¿Por qué dejaste tu anterior trabajo?
ELISA: Porque el dueño del restaurante era ya muy mayor, así que se jubiló y cerró el negocio.

2 Pista 21

ENTREVISTADOR: Háblame de ti.
ENTREVISTADOR: ¿Cuáles son tus mayores cualidades?
ENTREVISTADOR: ¿Cuáles son tus mayores defectos?
ENTREVISTADOR: ¿Por qué quieres este empleo?
ENTREVISTADOR: ¿Dónde crees que estarás en cinco o diez años?
ENTREVISTADOR: ¿Cuánto te gustaría ganar?
ENTREVISTADOR: ¿Por qué dejaste tu anterior trabajo?

UNIDAD 9

3 Pista 22

LOCUTOR: Y, ahora, otras noticias de interés:
PRIMERA
Una tigresa del circo Price, instalado en el municipio madrileño de Arganda del Rey, arrancó ayer el brazo de un hombre de 32 años que se acercó a su jaula, según informó a Efe un portavoz de Emergencias 112. El suceso ocurrió pasadas las ocho de la tarde de ayer sábado, cuando el hombre metió su brazo derecho entre los barrotes de la jaula en la que se encontraba la tigresa.
SEGUNDA
Cuatro mujeres, tres de ellas de 67 años y la cuarta de 71, resultaron heridas ayer al ser atropelladas por un Volvo rojo cuando cruzaban un paso de peatones en la calle del Puerto de Navas (Oviedo). Tras ser atendidas por el servicio de urgencias, fueron trasladadas al hospital Central.
TERCERA
El único acertante del sorteo de EuroMillones celebrado hace diez días sigue sin revelar su identidad, a pesar de que a mediodía de ayer le fue entregado el premio de 45 117 030 euros, el de mayor cuantía repartido en España en un sorteo de loterías. El acto de entrega del talón, en un hotel de Coruña, no contó, sin embargo, con la presencia del afortunado.

TRANSCRIPCIONES

CUARTA

Tras realizar un estudio con varios voluntarios, un médico estadounidense ha desarrollado un método para agilizar la memoria. Según los consejos del doctor, en tan solo 14 días podemos mejorar nuestra memoria siguiendo una serie de pautas, tales como una dieta saludable, donde además de evitar las grasas de origen animal, recomienda frutas y verduras que contienen antioxidantes.

QUINTA

Hoy se ha inaugurado en Barcelona el supercomputador «Mare Nostrum», considerado el más veloz de toda Europa y el cuarto más potente del mundo. Durante la inauguración, el director del proyecto ha anunciado que se está desarrollando un nuevo superordenador que funcionará a pleno rendimiento y que será 25 veces más rápido.

4 Pista 23

1 boca, **2** polo, **3** siempre, **4** vago, **5** par, **6** tiemblo, **7** beca, **8** Paca.

UNIDAD 10

5 Pista 24

1 En un hotel.

RECEPCIONISTA: Servicio de habitaciones, ¿dígame?
CLIENTE: ¿Sería posible que nos subieran la cena?
RECEPCIONISTA: Por supuesto. ¿Qué desean cenar los señores?
CLIENTE: Queríamos una ensalada de salmón, un filete de ternera y tomates rellenos.
RECEPCIONISTA: ¿Y de bebida?
CLIENTE: Una botella de vino blanco de Rueda y una botella de agua mineral.
RECEPCIONISTA: ¿Tomarán algún postre?
CLIENTE: Sí, helado de naranja y fresas con nata.
RECEPCIONISTA: Gracias, señor. Enseguida les llevarán la cena.

2 En un autobús.

SEÑORA: Perdone, ¿podría abrir la ventanilla?
SEÑOR: Sí, ahora mismo.
SEÑORA: Gracias.

3 Llamada telefónica.

EMPLEADA: Divertours, ¿dígame?
SEÑORA: ¿Podría decirme si hay plazas en la excursión de mañana a las termas?
EMPLEADA: Lo siento, pero todas las plazas están cubiertas.

2 Pista 25

Hoy tendremos lluvia y viento en prácticamente todo el norte de la Península, mientras que en el centro se esperan cielos nublados y frío moderado.
En el sur, se alternarán los ratos de sol y los ratos de nubes, con un ligero ascenso de las temperaturas durante el día.

4 Pista 26

Tenía que coger el tren para Sevilla esa misma mañana. Cogí mi equipaje y fui en metro hasta la estación. Mi tren salía a las 9:30. Pero allí me di cuenta de que me faltaba una maleta: me la había dejado en casa. Entonces tuve que volver a casa, coger la maleta y regresar a la estación. Pero cuando llegué eran las 9:40 y ya había salido mi tren.

PROCESOS Y ESTRATEGIAS 5

2 Pista 27

JUAN: ¡Qué, Daniela! ¿Al final vais a salir unos días?
DANIELA: Sí, sí. Nos vamos el primer viernes del mes. Hemos alquilado un apartamento en Alicante frente a la playa.
JUAN: ¡Ah, muy bien! ¿Y hasta cuándo vais a estar?
DANIELA: Van a ser pocos días. Volvemos el lunes por la mañana. Nos vamos mi novio y yo con otra pareja que conocemos del barrio.
JUAN: Oye, ¿y el gato, quién os lo cuida?
DANIELA: Ah, no, a Pícaro nos lo llevamos siempre a todas partes. Es uno más de la familia.
JUAN: ¡Pues espero que lo paséis genial!

UNIDAD 11

1 Pista 28

…Ya son casi las doce del mediodía y es el momento de hablar sobre las mejores páginas de internet de la semana.
La primera que hemos seleccionado se llama *La huerta en casa*, que nos ofrece todo tipo de frutas y verduras, cultivadas de forma natural. Se pueden comprar en cajas de 6 o 15 kilos, escogiendo entre muchos productos diferentes. Si haces un pedido ahora o en los próximos dos días obtendrás un 10% de descuento. Sirven a domicilio sin gastos de envío.
A través de la siguiente página seleccionada podemos comprar distintas actividades para regalar: una cena romántica en un restaurante de moda, un masaje en un centro de belleza o unas prácticas clases de golf. *Experiencias* es la página ideal para hacer estos regalos. Hay muchas ideas diferentes, tantas que te resultará bastante difícil decidirte. También pue-

des solicitar un catálogo para que la persona pueda elegir su regalo preferido.

¿Quieres ir a la ópera o a un concierto de *rock*? ¿Prefieres asistir a cualquier otro evento? No te preocupes: en *Teleocio* podrás adquirir entradas para todo tipo de espectáculos. Solo tienes que pagar un euro extra por el servicio. Además esta página te proporciona información sobre la cartelera de las principales ciudades españolas.

Finalmente…, vamos a hablar de vacaciones. Hay bastantes páginas que te proporcionan información sobre viajes, pero *Al límite* nos permite preparar aventuras totalmente diferentes: un viaje en globo, descender un río en canoa, atravesar los Pirineos en bicicleta… Si estás en forma y buscas nuevas sensaciones, no dudes en consultar esta página para organizar viajes por España y el resto de Europa. Para el próximo año están preparando nuevas actividades en otros continentes.

Esto es todo por ahora. La próxima semana os daremos más información.

UNIDAD 12

1 Pista 29

A En esta fiesta lo más llamativo son las danzas, que las hacen los jóvenes que aún están solteros, y que recorren la ciudad haciendo este baile para conquistar o cortejar a las muchachas, y es también una competición entre los barrios.

B Se preparan altares, y allí la familia pone fotografías de las personas fallecidas, objetos personales, velas, adornos de papel picado de colores… Se pone también comida, el pan de muertos, sal, bebida… También puedes poner la música que le gustaba a esa persona que ya se ha ido de este mundo.

C La gente compra artículos en miniatura, chiquitos, cositas pequeñas, para ofrecer a Ekeko, que es el dios de la abundancia, para que les traiga buena fortuna y riqueza a sus vidas. Compran una figura del dios Ekeko para poner en sus casas durante el año, y le ponen todas esas cositas que desean, sujetas en las ropas del dios, para que se cumplan sus deseos.

D Este festival es la celebración más emblemática de la ciudad de Medellín. El ambiente que vive la ciudad durante estos días ofrece una amplia diversidad de eventos y espectáculos como el Desfile de Silleteros, evento central de esta fiesta, el Desfile de autos clásicos y antiguos y exposiciones de que tienen como protagonistas a las flores.

2 Pista 30

LOCUTOR: Muchos de nuestros oyentes se preguntan si en el resto de Europa se celebra la Navidad igual que en España. Para aclararnos esta duda está con nosotros Natalia de la Fuente, periodista y viajera incansable, que puede informarnos sobre las costumbres y tradiciones en las distintas zonas del mundo en las que ella ha celebrado estas fiestas tan entrañables. Natalia, para nuestros oyentes extranjeros, ¿cómo resumirías las celebraciones de la Navidad en España?

NATALIA: En España, las calles se iluminan con luces de colores, las plazas se llenan de mercadillos y las familias se reúnen para cenar en la Nochebuena, el 24 de diciembre, y al día siguiente para celebrar la comida de Navidad. Y, el 31 de diciembre, los españoles despiden el año delante de la televisión con doce uvas que van tomando al son de las doce campanadas.

LOCUTOR: ¿Y cómo se vive la Navidad en otros países de Europa?

NATALIA: En Bélgica, por ejemplo, tienen por costumbre salir a patinar el día de Navidad, después de la comida familiar. A los finlandeses les gusta colgar de la rama del árbol de Navidad banderitas de distintos países como símbolo del hermanamiento entre pueblos y culturas. En Italia es muy curioso cómo celebran la última noche del año, comiendo un plato de lentejas antes de salir a las distintas fiestas. A las mujeres se les regala esta noche lencería de color rojo para que tengan suerte al año siguiente.

LOCUTOR: ¿Qué otras curiosidades conoces?

NATALIA: Los irlandeses, por ejemplo, colocan una gran vela blanca en la entrada de la casa o en alguna ventana que enciende el más pequeño el día de Nochebuena, y en Letonia es muy curioso que nadie pueda recoger su regalo junto al árbol sin antes recitar un pequeño poema.

LOCUTOR: ¿Y qué pasa al otro lado del mundo?

NATALIA: En países del hemisferio sur, como Australia, la Navidad se celebra durante el verano. Allí, el clásico ambiente navideño de nieve y frío al que estamos acostumbrados se transforma en playas y Santa Claus veraniegos.

LOCUTOR: Podríamos seguir hablando durante horas, pero creemos que con esta pequeña exposición nuestros oyentes habrán quedado satisfechos.

TRANSCRIPCIONES

PROCESOS Y ESTRATEGIAS 6

1 Pista 31

DIÁLOGO 1
- ¿Diga?
- Buenos días, quería cambiar un artículo de su tienda *online*.
- ¿De qué prenda se trata?
- Es un jersey.
- ¿Por qué quiere cambiarlo?
- Es que me está estrecho, necesitaría una talla más.
- De acuerdo. Tiene que ir a nuestra página web y consultar si lo tienen en una talla más grande. Después, rellene el formulario de cambios y devoluciones. Un mensajero recogerá el jersey en su domicilio y le entregará el nuevo.

DIÁLOGO 2
- Teleline, buenas tardes. ¿En qué puedo ayudarle?
- Verá, ayer recibí un paquete, pero no es el ordenador que he pedido, este es otro modelo.
- Vaya, sentimos las molestias. ¿Desea usted cambiarlo o devolverlo?
- Quiero cambiarlo por el modelo que elegí, es que necesito el ordenador para trabajar.
- Muy bien. Dígame su dirección de correo electrónico y le enviaré unas etiquetas. Tiene que imprimirlas y llevar el ordenador en un paquete con las etiquetas a una oficina de Correos...

DIÁLOGO 3
- Elegance, ¿dígame?
- Oiga, les compré un reloj por internet y ahora resulta que no funciona.
- ¿El reloj ha sufrido algún golpe o accidente?
- No, no, si yo lo acabo de sacar de su caja, pero nada, que desde el principio no funciona. Así que lo quiero devolver.
- Tendrá usted que venir a nuestras oficinas centrales con el artículo en su caja y rellenar un formulario.

SOLUCIONES

UNIDAD 1

A VIDA COTIDIANA

1 1 c; 2 c; 3 a.

2 1 hace que; 2 cuándo; 3 hace que; 4 Desde; 5 Cuánto; 6 cuando 7 Cuánto; 8 hace que.

3 Actividad libre.

4 1 Desde los 12 años; 2 Cuando se casó / A los 25 años; 3 Un año; 4 Los lunes; 5 Desde Navidad.

B ¿QUÉ HICISTE? ¿QUÉ HAS HECHO?

1 1 d; 2 a; 3 e; 4 f; 5 g; 6 b; 7 c; 8 h.

2 Posibles respuestas: 1 varias veces / muchos años / tres años / poco tiempo; 2 todos los días / siempre / tres días a la semana; 3 nunca; 4 todos los días; 5 muchos años / poco tiempo / tres años; 6 nunca; 7 todos los días / tres días a la semana; 8 varias veces; 9 muchos años / poco tiempo / tres años.

3 1 nació; 2 tenía; 3 enfermó; 4 tuvo; 5 empezó; 6 entró; 7 conoció; 8 se casó; 9 vivió; 10 calificó; 11 declaraba/declaró; 12 expuso; 13 trabajó; 14 organizó; 15 Murió.

4 1 Michael Jackson; 2 Nelson Mandela; 3 Evita Perón.

C EL FUTURO QUE NOS ESPERA

1 1 vendrá; 2 llegará; 3 esperaré; 4 te quedarás; 5 veré; 6 ganará; 7 engordaremos; 8 se casarán; 9 irán; 10 haremos; 11 aprobará; 12 hará; 13 podrá.

3 1 se impondrán; 2 llegarán; 3 subirán; 4 cambiarán; 5 Bajarán; 6 alcanzarán; 7 continuará; 8 Estará; 9 estará; 10 serán; 11 subirán; 12 predominará; 13 serán; 14 experimentarán; 15 soplará.

4 1 a, d; 2 c, g; 3 b, e; 4 f.

5 1 Sé hablar alemán, español e inglés. 2 Ayer vino a clase un chico muy tímido que tenía unos ojos preciosos. 3 ¿Cuándo llegó Álvaro de Málaga? 4 Me gustan muchísimo los pájaros. 5 ¡Que tengáis un buen viaje! 6 ¡Qué simpático es Luis! 7 Llego tarde a la oficina todos los días por culpa del autobús. 8 Deberías hablar con él. 9 El examen de matemáticas es la próxima semana. 10 Anteayer estudié gramática toda la tarde. 11 Álvaro se compró un coche de segunda mano y a los dos meses se le estropeó. 12 ¿Por qué no vino María a la reunión de Biología? 13 Ramón, ¿cuántas veces te he dicho que no juegues con el balón en el jardín? 14 No me acordé de que había quedado con Úrsula y la dejé plantada, no fui a la cita. 15 Óscar no abrió la boca y su jefe le preguntó si no tenía nada que decir. 16 Si no te das prisa, llegarás tarde.

UNIDAD 2

A EN LA ESTACIÓN

1 1 Porque era una estación abandonada y verla era como viajar en el tiempo. 2 El museo de la historia del Metro de Madrid. 3 Debido a la ampliación de la Línea 1 de Metro. 4 Se usó como escenario para algunas escenas de la película Barrio. 5 Por una espiral de cristal que alberga la escalera y el ascensor. 6 Taquillas, barreras de acceso e indicadores de la estación original. También hay pantallas gigantes que proyectan documentales de la época.

2 Actividad libre.

3 Actividad libre

4 1 tarjeta Multi; 2 billetes; 3 máquinas expendedoras; 4 estancos; 5 parada; 6 línea; 7 hacer transbordo.

5 1 Cuando Rosa llegó, la clase ya había empezado. 2 Cuando Eva vino a arreglar mi ordenador, yo ya había llamado al servicio técnico 3 Cuando Mercedes volvió, su hijo ya había fregado los platos y recogido la cocina. 4 Cuando Hugo preguntó por aquel piso, el dueño ya lo había vendido. 5 Cuando José Saramago ganó el Premio Nobel de Literatura, ya había escrito *Todos los nombres*. 6 Cuando me llamaste al móvil, yo ya había leído tu mensaje. 7 Cuando terminé mis estudios, yo ya había empezado a trabajar. 8 Cuando nuestro hijo cumplió diez meses, ya había aprendido a andar.

6 1 se había casado; 2 había hecho; 3 se habían muerto; 4 habían abierto; 5 se habían divorciado; 6 habíamos nacido.

7 1 éramos, nos mudamos; 2 volvió, lloramos; 3 contesté, estaba; 4 compramos, habíamos visto; 5 vivíamos, nadábamos; 6 conocí, había salido; 7 rompió, habías regalado; 8 pasábamos, estuvimos.

B ¿CÓMO VAS AL TRABAJO?

1 1 coger; 2 transbordo; 3 atasco; 4 cargar; 5 conductora; 6 taquilla; 7 taxi; 8 revisor.

2 1 b Metro de Madrid informa de que el próximo tren no admite viajeros.; 2 a Metro de Madrid informa de que, por obras en la línea cinco, permanecerá cortado el tramo entre las estaciones de Núñez de Balboa y Ópera.; 3 a Final de trayecto.

C INTERCAMBIO DE CASA

1 1 Por unos amigos; 2 En primavera. 3 Un mes. 4 Sí.

2 1 a; 2 de; 3 al; 4 en; 5 al; 6 en; 7 Desde; 8 hasta; 9 en; 10 del; 11 de; 12 de.

3 1 desde, hasta, en; 2 a; 3 a, por; 4 por; 5 en, de; 6 a, en.

4

País de intercambio:	Brasil
Época del año:	Vacaciones escolares
Número de personas:	5
Niños:	☐ **SÍ** ☐ No
Tipo de propiedad:	☐ Rural ☐ **URBANA**
Fumadores:	☐ Sí ☐ **NO**
Intercambio de coche:	☐ Sí ☐ **NO**

☐ Lago   ☐ **PLAYA**
☐ Montaña   ☐ Bosque
☐ **ATRACCIONES TURÍSTICAS**   ☐ **ZONA COMERCIAL**

SOLUCIONES

5 **1** Aparato de aire acondicionado; **2** Calefacción; **3** Chimenea; **4** Vitrocerámica; **5** Lavadora; **6** Lavaplatos / Lavavajillas.

PROCESOS Y ESTRATEGIAS 1 Y 2

1 **1** ¿Desde cuándo tocas la guitarra? **2** ¿Cuándo diste tu primer concierto? **3** ¿Cuánto hace que tocáis juntos?

3 Nombre; lugar de nacimiento; profesión; trayectoria profesional; premios.

4 **1** en; **2** de; **3** desde; **4** hasta; **5** en; **6** de.

UNIDAD 3

JULIA ME CAE BIEN

1 **1** A Rosa le molestan los ruidos. **2** A mí me quedan mal los vaqueros. **3** A Carlos le preocupa su trabajo. **4** A Manuel y a Laura les interesa la Historia. **5** A mis padres les encanta el cine. **6** A mi mujer le cae mal mi jefe. **7** A mis hijas les preocupa la contaminación de la atmósfera. **8** A nosotros no nos pasa nada importante nunca. **9** A mí me interesan los problemas de la gente que quiero. **10** ¿A vosotros os importa el futuro de los niños? **11** ¿A ti te molesta si abro la ventana? **12** A mis abuelos les gusta mucho ver la tele.

2 Actividad libre.

3 **1** le; **2** se, se; **3** le; **4** se; **5** le, le; **6** se.

4 **1** A te, B me; **2** me, le; **3** A te, B me, se; **4** A os, B nos; **5** A me; **6** me; **7** A le, B Se; **8** te; **9** A os, B nos.

5 **1** veo; **2** haces; **3** estoy buscando; **4** cerraron; **5** trabajaba; **6** me quedé; **7** trabajo; **8** trabajas; **9** estoy; **10** miro; **11** tuve; **12** llamarán.

7 **1** A Has estado; B estuve, Fui; **2** me gustaba, prefiero; **3** A pasarás, B pasaré, cenaré. **4** A Has visto, B voy/he ido; **5** A haces, B salgo, iré/voy a ir; **6** A estabas, Te he llamado; B estuve; **7** estás. **8** A Voy/ Voy a ir; B vi, me gustaron. A he estado.

8 Me llamo Joaquín del Campo y <u>soy</u> matrona. Trabajo en el hospital de El Escorial <u>desde</u> hace 17 años. A las mujeres no les importa, pero a veces sí les choca a los médicos, porque <u>esperan</u> que la matrona sea una mujer. Algunas mujeres dicen que me prefieren a mí porque soy más sensible. No lo sé. A mí me <u>gusta</u> mi trabajo, siempre intento animar <u>a</u> la madre, <u>le</u> pregunto cómo se va a llamar el bebé, le cuento que es un momento duro pero que pronto tendrá a su bebé en los brazos y el dolor <u>pasará</u>. Si a alguna mujer le <u>molesta</u> mi presencia, otra compañera viene y no pasa nada. Creo que he atendido unos 4000 partos. El mejor, cuando ayudé a mi mujer. Creo que todos los padres <u>deben</u> ver cómo <u>nacen</u> sus hijos, es una experiencia inolvidable.

B AMIGOS

1 **1** vago; **2** generoso; **3** terco; **4** comprensivo; **5** formal; **6** cariñoso; **7** egoísta; **8** sincero; **9** tímido.

S	P	R	T	M	C	B	G	R	T	N	S
C	F	V	A	G	O	T	S	N	B	O	P
A	Z	F	O	R	M	A	L	L	U	Y	O
S	D	R	T	B	P	W	S	T	R	N	A
N	B	V	C	A	R	I	Ñ	O	S	O	L
Q	V	B	Y	T	E	R	C	O	I	B	C
Z	Q	C	V	U	N	P	Ñ	L	N	P	Ñ
X	E	G	O	I	S	T	A	Ñ	C	G	M
P	O	T	I	M	I	D	O	M	E	U	B
Z	E	R	F	Q	V	E	U	N	R	Z	P
G	E	N	E	R	O	S	O	Ñ	O	P	T

2

	Raúl	Silvia	Alicia	Jorge
1 Le gusta el cine		X		
2 Es una persona cariñosa			X	
3 Es una persona habladora	X			
4 Le importan las personas			X	
5 Es una persona activa y solidaria				X
6 Le interesa el deporte	X			
7 Es una persona un poco vaga			X	

3 **1** hable; **2** tenga, sea; **3** tenga; **4** cuide; **5** esté; **6** juegue; **7** pueda; **8** entienda; **9** vengan; **10** pongan; **11** atiendan.

4 **1** hace; **2** sabe; **3** estudien; **4** tenga; **5** hace; **6** acaban; **7** cueste; **8** venda; **9** tienen; **10** hierva.

5 Actividad libre.

C TENGO PROBLEMAS

1 **1** c; **2** e; **3** a; **4** j; **5** g; **6** i; **7** f; **8** b; **9** h; **10** d.

2 **1** me abrigaría; **2** pondría; **3** tendría; **4** estaría; **5** iría; **6** haría; **7** vería; **8** saldría; **9** enviaría; **10** iría.

3 Actividad libre.

UNIDAD 4

A ¡CUÁNTO TIEMPO SIN VERTE!

1 **1** Cuando salieron de casa, estaba lloviendo. **2** Cuando volvió del trabajo, su mujer estaba leyendo el periódico. **3** Cuando ella se despertó, él estaba preparando el desayuno. **4** Cuando ella entró, la profesora estaba escribiendo. **5** Cuando Paula y Eduardo pusieron la radio, estaban cantando su canción favorita.

2 1 Cuando llegaron, el ladrón estaba robando. 2 Cuando la vi, estaba cruzando la calle. 3 Cuando empezó la película, estaban cenando. 4 Cuando abrimos la puerta de su cuarto, estaba hablando por el móvil.

3 1 ha estado practicando. 2 estaban dando de comer. 3 estaba esquiando. 4 estuvimos hablando. 5 han estado escuchando. 6 habéis estado criticando. 7 estaba rodando. 8 estuvieron escribiendo. 9 estuve viviendo.

4 1 c; 2 e; 3 a; 4 d; 5 f; 6 b.

5 1 Sigue viviendo en Barcelona. 2 Ha dejado de escribir poemas. 3 Ha dejado de vivir con sus padres. 4 Sigue coleccionando fotografías antiguas. 5 Ha dejado de esquiar. 6 Ha dejado de salir con Roberto. 7 Ha dejado de estudiar Telecomunicaciones. 8 Sigue haciendo escalada. 9 Sigue siendo vegetariana. 10 Sigue tocando en una banda de rock. 11 Ha dejado de ir a clases de *urban dance*. 12 Sigue corriendo todas las mañanas. 13 Sigue siendo muy alegre.

6 1 acaba de; 2 empieza a; 3 llevan; 4 acaba de; 5 sigue; 6 empieza a; 7 deja de; 8 vuelve a; 9 sigue; 10 vuelve a; 11 deja de; 12 lleva.

7 1 El profesor acaba de llegar. 2 Hoy me he vuelto a examinar. 3 Acabo de terminar el informe. 4 Mi cuñado lleva buscando trabajo desde hace dos meses. 5 ¿Por qué habéis dejado de escribirme cartas? 6 Esta actriz sigue actuando en el cine. 7 Hemos dejado de vender revistas. 8 Llevan trabajando desde los 18. 9 He vuelto a ver la película que me prestaste. 10 Julia acaba de llamar preguntando por ti. 11 Nuestro equipo de fútbol ha vuelto a ganar.

8 Actividad libre.

B LA EDUCACIÓN ANTES Y AHORA

1 1 Antes los niños tenían mucha imaginación, pero ahora son menos creativos. 2 Antes me daba miedo el agua, pero ahora me encanta nadar. 3 Antes los niños construían sus propios juguetes, ahora sus padres se los compran. 4 Antes los niños jugaban en la calle con sus amigos, ahora prefieren divertirse con los videojuegos. 5 Antes las madres pasaban más tiempo con sus hijos, ahora trabajan fuera de casa. 6 Antes vosotros ibais a clase por la mañana y por la tarde, ahora tenéis jornada continua. 7 Antes este colegio era solo para niñas, ahora es mixto. 8 Antes los niños estaban más atentos en clase, ahora se distraen más. 9 Antes los niños leían más, ahora prefieren ver vídeos o películas. 10 Antes los clientes pagaban con tarjeta o en metálico, ahora muchos pagan desde el móvil. 11 Antes los estudiantes usaban casi siempre papel y boli, ahora utilizan mucho el ordenador o la *tablet*. 12 Antes la gente buscaba información en los libros, ahora busca en internet.

2 Actividad libre.

3 Actividad libre.

C TRABAJO Y VOCACIÓN

1 1 V; 2 V; 3 V; 4 F; 5 V; 6 F; 7 V.

2 1, 2, 6, 9, 10.

3 Actividad libre.

4 1 feliz, 2 tranquilo, 3 útil, 4 limitado, 5 ordenado, 6 justo, 7 cómodo, 8 tolerante, 9 maduro, 10 agradable.

5 Des- Descontrolado, Deshonesto, Desordenado, Desagradable. **In-/Im-/I-** Impaciente, Innecesario, Irresponsable, Insociable, Inexperto, Ilegal, Infeliz, Intranquilo, Inútil, Ilimitado, Injusto, Incómodo, Intolerante, Inmaduro

6 1 He estudiado Periodismo en la Universidad del Saber. 2 He hecho un curso de redacción y corrección de estilo. 3 He presentado un programa en la radio. 4 He trabajado en la redacción del periódico Dime. 5 He dado una conferencia en las XI Jornadas de Periodismo de La Habana. 6 He escrito un libro sobre política exterior. 7 He ganado varios premios de periodismo. 8 He sido corresponsal en Asia.

7 1 ¿Te preparo un té? 2 A mí no me eches azúcar, por favor. 3 Él estaría orgulloso de ti. 4 El sobrino de Luis no va a ir a tu despedida de soltero. 5 Sé que estás preocupada. 6 ¡Que tengáis un buen viaje! 7 ¿Cómo se dice esto en español? 8 ¡Qué sorpresa! 9 A Pedro no le gusta esquiar, pero a Laura sí. 10 Si te duele la cabeza, descansa un rato. 11 ¿Tú tienes uno o dos hermanos?

12 No sé si mi perro tiene tres o cuatro años.

PROCESOS Y ESTRATEGIAS 3 Y 4

1 Un sofá sería el mejor regalo para alguien muy cómodo. Un móvil sería el mejor regalo para alguien muy hablador. Un reloj sería el mejor regalo para alguien muy impuntual. Un peluche sería el mejor regalo para alguien muy cariñoso. Una agenda sería el mejor regalo para alguien muy desorganizado. Un puzzle sería el mejor regalo para alguien muy paciente.

3 **A** Cómo se juega: párrafo 1. **B** Origen de la tradición: párrafo 4. **C** Distintas versiones: párrafo 3. **D** Las reglas del juego: párrafo 2.

4 1 Álvaro es muy tranquilo. 2 Su trabajo es muy estresante. 3 Le gusta relajarse y desconectar. 4 Le encantan el agua, el mar, los deportes acuáticos, nadar, escaparse a la playa, al río… 5 Su casa no es muy grande y está llena de libros y de trastos.

5 Le voy a comprar una entrada para un circuito SPA de dos horas, porque Álvaro es muy tranquilo, le gusta relajarse y desconectar y le encanta el agua, el mar, los deportes acuáticos, nadar, escaparse a la playa y al río. Además, este regalo no ocupa espacio. Y así se relaja un poco, porque su trabajo es muy estresante.

UNIDAD 5

A EN EL RESTAURANTE

1 1 berenjenas; 2 garbanzos; 3 mejillones; 4 filetes; 5 lechuga; 6 merluza; 7 salchichas; 8 lentejas; 9 coliflor; 10 ajos; 11 cebolla; 12 yogur; 13 espárragos; 14 zanahorias; 15 miel; 16 pimientos; 17 queso; 18 alcachofas.

2 1 para; 2 para; 3 para; 4 para que; 5 para que; 6 para; 7 para que; 8 para.

3 Actividad libre.

SOLUCIONES

4 1 Yo uso un recipiente plano para preparar este plato. 2 Primero, preparo un buen caldo para añadir después el arroz. 3 Mi cuñado frota el fondo de la cazuela con un trozo de cebolla para que el arroz no se pegue. 4 Yo uso azafrán para dar buen color y sabor a la paella. 5 Siempre controlo el tiempo de cocción con un reloj para que el arroz esté en su punto. 6 Al final, mi abuela deja la paella 5 minutos fuera del fuego y tapada con un trapo para que tenga más sabor.

B LAS OTRAS MEDICINAS

1 1 cara, 2 frente, 3 ojo, 4 ceja, 5 cuello, 6 hombro, 7 espalda, 8 brazo, 9 abdomen, 10 cadera, 11 tobillo, 12 talón.

2 Actividad libre.

3 1 curar; 2 adelgazar; 3 dieta; 4 risoterapia; 5 herbolario; 6 medicamento; 7 enfermedad; 8 vegetariano.

4 1 resfriado; 2 quemaduras solares; 3 tos; 4 insomnio; 5 fiebre; 6 mareo; 7 dolor de cabeza; 8 estreñimiento.

C ME DUELE LA ESPALDA

1 1 de moda; 2 despido; 3 echar; 4 británicas; 5 a oscuras; 6 sin; 7 descanso; 8 estrés; 9 tranquilidad; 10 persona; 11 masaje; 12 con; 13 demuestran.

2

escucha	escuche	escuchad	escuchen
escribe	escriba	**escribid**	**escriban**
mira	**mire**	mirad	**miren**
juega	juegue	**jugad**	jueguen
lee	lea	**leed**	**lean**
sal	salga	**salid**	salgan
duerme	**duerma**	**dormid**	duerman
oye	**oiga**	oíd	oigan
pon	**ponga**	poned	**pongan**
di	diga	**decid**	**digan**
cierra	**cierre**	cerrad	**cierren**
empieza	**empiece**	**empezad**	empiecen

3 1 No escribas en la pizarra. 2 No te maquilles todos los días. 3 No me des ese cuaderno. 4 No te lleves el abrigo. 5 No hables con Elsa. 6 No te sientes en ese banco. 7 No le prestes dinero a Pedro. 8 No se lo digas a tu vecina. 9 No me lo des. 10 No te levantes temprano. 11 No le des mi teléfono a Luisa. 12 No le pongas la bufanda al niño. 13 No empieces a fregar. 14 No abras la ventana.

4 1 No escriba en la pizarra; 2 No se maquille todos los días. 3 No me dé ese cuaderno. 4 No se lleve ese abrigo. 5 No hable con Elsa. 6 No se siente en ese banco. 7 No le preste dinero a Pedro. 8 No se lo diga a su vecina. 9 No me lo dé. 10 No se levante temprano. 11 No le dé mi teléfono a Luisa. 12 No le ponga la bufanda al niño. 13 No empiece a fregar. 14 No abra la ventana.

5 1 Lea; 2 utilice; 3 siga; 4 Conserve; 5 consulte; 6 interrumpa; 7 consulte; 8 tome.

6 1 Deja; 2 Llama; 3 Ayuda; 4 Ve; 5 Prueba; 6 Lee; 7 Aprende; 8 No tengas; 9 Conoce; 10 Agradece; 11 No te enfades; 12 Sonríe; 13 No dejes.

7 1 A: ¿Qué te pasa?
B: Nada, *que me duele mucho la espalda*.
A: Pues hombre, evita las malas posturas. Y no *cojas peso ni estés tanto tiempo sentado*. Y, sobre todo, *haz algo de ejercicio suave*.

2 A: ¿Qué te pasa?
B: Nada, *que estoy muy estresado*.
A: Pues *no trabajes* tanto. Busca algún momento para relajarte y *haz meditación*. Y, sobre todo, *sal y distráete*.

3 A: ¿Qué te pasa?
B: Nada, es que *me siento débil*.
A: Pues *aliméntate mejor, descansa y no hagas grandes esfuerzos*. Y, sobre todo, *ve al médico para saber qué te pasa*.

4 A: ¿Qué te pasa?
B: La verdad es que *estoy deprimido*.
A: Pues *pon música alegre y baila*. No te preocupes demasiado por las cosas ni veas las noticias. Y, sobre todo, *habla con personas positivas y no te aísles*.

9 orejas, jarabe, gotas, alergia, coger, congestión, digestión, masaje, agitar, guerra, lentejas, berenjenas, garbanzos, gesto, gel, guiso, guisantes.

UNIDAD 6

A ECOLÓGICAMENTE CORRECTO

1 1 Me molesta muchísimo que la gente malgaste el agua. 2 Me molesta muchísimo que la gente tire cigarrillos en el campo. 3 Me molesta muchísimo que la gente no cuide el entorno. 4 Me molesta muchísimo que la gente no proteja el medioambiente. 5 Me molesta muchísimo que la gente maltrate a los animales. 6 Me molesta muchísimo que la gente no recicle. 7 Me molesta muchísimo que la gente sea irresponsable. 8 Me molesta muchísimo que la gente no se tome en serio el cambio climático. 9 Me molesta muchísimo que la gente ensucie los ríos. 10 Me molesta muchísimo que la gente use el coche para todo.

2 1 e; 2 a; 3 g; 4 c; 5 f; 6 d; 7 h; 8 b.

3 a 3; b 1; c 2.

4 1 A mis padres no les gusta que deje el grifo abierto. 2 ¿A ti te alegra que construyan una nueva fábrica cerca de tu casa? 3 Nos preocupa que vivas en una ciudad tan contaminada. 4 A los políticos les interesa que la gente crea en ellos. 5 A usted le encanta que los pájaros le visiten en su jardín. 6 A mi vecina le molesta que mis hijos jueguen en el patio. 7 A Pablo le irrita que habléis todos a la vez. 8 A nosotros nos gusta mucho que nos traigas setas cuando vas al campo.

5 1 Que enciendan un cigarrillo sin permiso en su casa. 2 Que le aconsejen sobre la educación de sus hijos. 3 La impuntualidad. 7 Que le insistan para que coma alguna cosa.

6 Actividad libre.

B MENOS HUMOS, POR FAVOR

1 1 organices; 2 separar; 3 localices; 4 tirar; 5 guardar; 6 usar; 7 limpiar; 8 tires; 9 echar; 10 revisar; 11 evitar; 12 planifiques; 13 imprimir.

2 Actividad libre.

3 Posible solución: 1 Para ser paracaidista hace falta tener mucho valor. 2 No es necesario que friegues los platos porque ya lo hago yo. 3 Hay que hacer un gran esfuerzo para mantener la casa ordenada. 4 Es conveniente que hagas algunas reformas en casa. 5 No hace falta que me regales nada por mi cumpleaños. 6 Es necesario ser tolerante con las opiniones de los demás. 7 Es importante que estudies un poco todos los días. 8 Es fundamental hacer algo de ejercicio todos los días.

C LA ECOLOGISTA DEL HIMALAYA

1 1 Madrugar para ir al instituto. 2 Porque en el campo hay menos ruido que en la ciudad. 3 Que en invierno no hay bomberos en la zona, y muy cerca hay una central nuclear. 4 Antes trabajaba en una compañía eléctrica, y ahora es pastor. 5 En el campo.

2 1 LAGO. 2 CONTAMINACIÓN ACÚSTICA. 3 CORDILLERA. 4 SELVA. 5 MEDIOAMBIENTE. 6 ISLA. 7 OCÉANO. 8 INCENDIO FORESTAL. 9 CONTINENTE. 10 CAPA DE OZONO. 11 CAÑÓN. 12 DESIERTO.

3 1 más, que; 2 más, que; 3 más, que; 4 menos que; 5 menos, que; 6 más, que; 7 menos, que; 8 menos, que; 9 menos, que.

4 1 más contaminada. 2 peores. 3 mayor. 4 más fuerte. 5 más pequeño. 6 tan ruidosa. 7 mejor. 8 tan ecológico. 9 más secos.

5 1 importantísimo; 2 rapidísimo; 3 tranquilísimo; 4 sequísimo; 5 fortísimo; 6 sucísimo; 7 baratísimo; 8 grandísimo.

6 1 tan; 2 tanto; 3 tantas; 4 tantas; 5 tan; 6 tantos; 7 tanta; 8 tan; 9 tantos; 10 tanto; 11 tanta.

PROCESOS Y ESTRATEGIAS 5 Y 6

1 Alba está en la consulta del médico.

2 1 Alba ha ido al médico porque le duele mucho el tobillo y no puede andar bien. 2 Ahora tiene que estar una semana de reposo y ponerse hielo en el tobillo tres veces al día. 3 Si le duele, puede tomar Ibuprofeno dos veces al día. 4 En el centro de salud pueden prestarle unas muletas.

3 A Dolor de garganta; B Dolor de muelas; C Diarrea. D Dolor de espalda.

4 1 para; 2 para que; 3 para; 4 para que; 5 para que; 6 para.

5 Actividad libre.

6

TÚ: Buenos días.
DOCTORA: Buenos días ¿Qué le pasa?
TÚ: Verá, mi amiga no se encuentra bien: le duele la cabeza y tiene mucha tos.
DOCTORA: ¿Desde cuándo se encuentra mal?
TÚ: Desde ayer por la tarde.
DOCTORA: ¿Tiene fiebre?
TÚ: Sí, treinta y ocho y medio.
DOCTORA: De acuerdo, voy a verla… Parece que ha cogido la gripe. Tiene que pasar unos días en la cama, descansar y beber mucho líquido: zumos, infusiones… Para la fiebre y la tos, que tome estas pastillas tres veces al día.
TÚ: Vale, muchas gracias.

7 ¡Hola, Alberto! Hoy he acompañado al médico a Clara porque no es encontraba bien. Me ha pedido que te escriba este mensaje porque ella ahora está en la cama y no tiene fuerzas para escribir. Seguro que se pone bien pronto, pero de momento tiene que tomar unas pastillas para la fiebre y la tos. También es importante que descanse, y además es imprescindible que beba mucho líquido: zumos, infusiones… No te preocupes, no es nada grave. Puedes pasar a visitarla cuando quieras. ¡Te esperamos!

UNIDAD 7

A UN BUEN TRABAJO

1 a bombero; b jardinero; c taxista; d carpintero; e policía.

2 Posibles respuestas: 1 arregla coches. 2 construye casas. 3 transporta mercancías. 4 instala la luz, 5 arregla tuberías.

3 1 barajas de cartas. 2 clientas. 3 por teléfono. 4 En su consulta. 5 Fue su abuela. 6 del dinero que gana.

4 pintora, dependienta, periodista, cocinero, abogado, jardinero, bailarina, actor, cantante, policía.

Q	E	D	V	B	N	P	I	N	T	O	R	A	L
D	C	U	D	E	P	E	N	D	I	E	N	T	A
J	U	Y	W	P	N	R	Ñ	L	X	R	A	I	Y
T	R	Z	C	O	C	I	N	E	R	O	C	K	T
R	N	P	E	A	B	O	G	A	D	O	T	I	U
Y	X	M	J	A	R	D	I	N	E	R	O	L	P
B	A	I	L	A	R	I	N	A	Y	N	R	X	P
M	E	R	T	Y	C	S	V	B	H	J	K	M	B
C	A	N	T	A	N	T	E	E	M	B	G	J	K
P	O	L	I	C	I	A	A	S	D	F	H	Y	U

B CUANDO PUEDA, CAMBIARÉ DE TRABAJO

1 1 d., 2 b., 3 g., 4 j., 5 e., 6 a., 7 f., 8 h., 9 i., 10 c.

2 1 termines. 2 reciba. 3 acababa. 4 eras. 5 escriba. 6 me den. 7 vengas. 8 llegan. 9 sepas. 10 te vayas. 11 tengamos. 12 vuelvas.

3 1 Cuando se vaya el último cliente. 2 Cuando termine el curso de formación 3 Cuando hagamos unas cuantas llamadas. 4 Cuando entregue el proyecto. 5 Cuando lleve allí todas mis cosas. 6 Cuando tenga tiempo de rellenar el formulario *online*. 7 Cuando todo esté preparado. 8 Cuando empecemos a leer todos los currículums. 9 Cuando encuentre un local a buen precio. 10 Cuando mi hijo empiece la guardería.

SOLUCIONES

C SI TUVIERA DINERO...

1 1 me pagaran / pagasen 2 durara / durase 3 sonrieran / sonriesen 4 fueran / fuesen 5 tuviera / tuviese 6 se comunicara / comunicase 7 cuidáramos / cuidásemos 8 trabajara / trabajase 9 pudiera / pudiese 10 me llevara / llevase 11 llamara / llamase.

2 1 fuera 2 abriría 3 montara 4 tendría 5 fueran 6 necesitarías 7 diera 8 tendría 9 quisiera 10 me apuntaría 11 estuvieras 12 empezarías 13 fuera 1 creería 15 ofrecería

3 1 fuera 2 entraría 3 pudiera 4 volaría 5 me eligieran 6 habría 7 tuviera 8 convertiría 9 viviera 10 saldría 11 se quedarían 12 vieran 13 supiera 14 llevaría 15 me regalaran 16 lo llamaría 17 estaría 18 me pusieran 19 hiciera 20 comeríamos 21 sería 22 viniera.

5 1 Si un día desaparece para siempre internet viviremos más desconectados del mundo. 2 Habría que volver a convocar las reuniones por teléfono o fax si no tuviéramos e-mail. 3 La prensa volvería a utilizarse más si no pudiéramos consultar las noticias *online*. 4 Compraríamos otra vez *cedés y dvds* si *no pudiéramos descargarnos música ni películas en la red*. 5 Si no tuviéramos acceso a las redes, la única forma de socializar sería de nuevo irse de tapas y cañas. 6 No podríamos consultar en Google si nos sintiéramos enfermos.

6 Respuesta libre.

7 1 se sentiría emocionada. 2 lo rechazaría. 3 sería una gran sorpresa. 4 lo intentaría con ayuda de sus compañeros. 5 no le importaría, le encanta viajar.

UNIDAD 8

A DEPORTES

1 1 y 2 golfista (palo y pelota); 3 ciclista; 4 y 12 futbolista; 5 patinador/a; 6 ganador/a (de todos los deportes) 7 boxeador/a; 8 piloto (casco, motociclismo); 9 esquiador/a piloto; 10 tenista; 11 nadador/a

2

K	B	I	C	I	C	L	E	T	A	M	K	A	P
A	A	B	E	S	R	K	F	F	G	A	E	L	A
V	P	Q	G	U	A	N	T	E	S	N	A	A	T
G	S	R	E	S	Q	U	I	E	S	D	R	I	I
P	C	T	O	R	U	A	T	V	B	A	L	O	N
A	A	L	S	P	E	L	O	T	A	A	L	T	E
E	S	L	T	I	T	E	A	E	Ñ	B	O	U	S
R	C	B	O	T	A	S	I	T	A	C	X	L	O
P	O	M	A	I	T	E	M	E	D	A	L	L	A
M	O	P	A	I	T	I	A	S	O	E	I	Y	Z
L	O	B	B	A	Ñ	A	D	O	R	W	V	O	P

3

MONTAR	JUGAR	PATINAR	GANAR	PONERSE
en bici	al fútbol	sobre hielo	una medalla	los guantes
en moto	al baloncesto	sobre ruedas	un partido	el casco
a caballo	al tenis		una copa	los esquíes
	un partido			

4 Respuesta libre.

5 1 A los cuatro años. 2 Para relajarse le gusta ir al campo y a pescar. 3 Es muy perfeccionista. 4 Ganar otra vez la Vuelta a la Gran Montaña. 5 Hasta el momento ha ganado por tercera vez la Vuelta a la Gran Montaña. 6 Tiene cinco bicicletas.

B ¿SALIMOS?

1 1 No. 2 A las seis de la tarde. 3 Porque la quitaron hace quince días. 4 En la dos. 5 Sí, *La máscara del Zorro*. 6 Mañana.

2 Respuesta libre.

3 Respuesta libre.

4 1 Quería saber para quién era el paquete/ Preguntó que para quién era el paquete. 2 Quería saber cuál era mi dirección de correo electrónico/ Preguntó que cuál era mi dirección de correo electrónico. 3 Quería saber cómo me gustaba pasar el fin de semana/ Preguntó que cómo me gustaba pasar el fin de semana. 4 Quería saber cuándo había llegado a esta ciudad/ Preguntó que cuándo había llegado a esta ciudad. 5 Quería saber con quién hablábamos/ Preguntó que con quién hablábamos. 6 Quería saber quién vendría al partido/ Preguntó que quién vendría al partido. 7 Quería saber dónde habíamos quedado/ Preguntó que dónde habíamos quedado. 8 Quería saber por qué íbamos a cambiar de trabajo/ Preguntó que por qué íbamos a cambiar de trabajo.

5 1 Preguntó si / Quería saber si me interesaba el cine. 2 Preguntó si / Quería saber si habíamos visto la nueva exposición de fotografía. 3 Preguntó si / Quería saber si invitaría Paco. 4 Preguntó si / Quería saber si ponían algo interesante en la radio. 5 Preguntó si / Quería saber si íbamos a sacar las entradas por Internet. 6 Preguntó si / Quería saber si habíamos comido alguna vez en este restaurante. 7 Preguntó si / Quería saber si íbamos a tomar algo antes del espectáculo. 8 Preguntó si / Quería saber si podríamos quedar en la puerta del teatro. 9 Preguntó si/ Quería saber si teníamos algún bono para la ópera.

6 1 ¿Dónde estaba usted el sábado por la tarde? 2 ¿Cuánto hace que vive aquí? 3 ¿Conoce bien a todos los vecinos? 4 ¿Tiene usted confianza con los García? 5 ¿Ha visto a alguien en el edificio? 6 ¿Ha escuchado algún sonido extraño? 7 ¿Con qué vecinos suelen hablar más los García

7 1 Ayer me dijo mi hermana que lo sentía, pero que al final no podía llevar al perro al veterinario, y que si podía hacerlo yo.

2 Ayer Inés me preguntó si teníamos algo que hacer el sábado por la noche. Me dijo que iba a hacer una fiesta en casa y que le gustaría invitarnos.

3 Ayer Diego me contó que ya había terminado la mudanza, así que ya podía descansar tranquilamente en su piso nuevo. Me dijo que era superluminoso, y que me iba a encantar.

4 Ayer mi jefa quería saber cuándo tendría listas las fotocopias. Me dijo que las necesitaba lo antes posible.

5 Ayer dijeron en el telediario que el tráfico en el centro estaba cortado por una carrera popular y que se recomendaba utilizar el metro.

6 Ayer me dijo mi vecino que hacía mucho que no veía a Luis. Me preguntó si estaba enfermo o si le pasaba algo?

8 1 El fin de semana pasado vi la última obra de teatro de Eduardo Aldán y está genial. **2** Mis padres tuvieron que emigrar a Francia cuando eran jóvenes. **3** Te prometo que te llamaré pronto. ¿Cuándo tienes tiempo de hablar un rato? **4** ¿Dónde puedo coger un autobús para Bilbao? **5** Pues nosotros ya no trabajamos en la misma empresa. ¿Tú estás contenta con tu trabajo? **6** He adoptado un gato y estoy feliz porque me hace mucha compañía. **7** El edificio donde trabajamos antes era un teatro, ¿no lo sabías? **8** No llegaré a tiempo para ver la película con vosotros. Luego ya nos tomamos algo todos juntos.

C MÚSICA, ARTE Y LITERATURA

1 1 Voy a sacar las *entradas* para el teatro por internet, y así no tenemos que hacer *cola* en la *taquilla*. **2** Cuando terminó el concierto, el público no dejaba de *aplaudir* con entusiasmo. **3** En el cine, el teatro y los museos casi siempre hay alguien intentando *colarse*. Me parece de muy mala educación. **4** Por fin van a *inaugurar* el Museo de las Ilusiones en mi ciudad. Tengo muchas ganas de visitarlo.

2 1 D; **2** B; **3** C; **4** E; **5** A; **6** G; **7** H; **8** F.

PROCESOS Y ESTRATEGIAS 7 Y 8

1 PROFESIÓN: cocinera. UNA CUALIDAD: ganas de aprender/ capacidad de organización/pasión por el trabajo/ es muy creativa. UN DEFECTO: impaciente/ le molestan las críticas. SUELDO QUE LE GUSTARÍA GANAR: 1500 al mes.

2 Respuesta libre.

3 En la entrevista me preguntaron cuáles eran mis mayores cualidades y defectos, y después me dijeron que por qué quería este empleo y que cuánto me gustaría ganar. Yo dije que... (respuesta libre)

4 1 experiencia; **2** recepción; **3** clientes; **4** citas; **5** currículos; **6** candidato; **7** puesto.

Gema está buscando una persona que atienda a los clientes y organice las citas, cobre a los pacientes y mantenga actualizada la presencia de la clínica en las redes sociales.

5 Ejemplo de posible solución.

Hola, Gema.

He leído los currículos que enviaste y creo que la persona más adecuada para el puesto es Ramona Balaguer, porque ha trabajado 7 años en la recepción de un hospital y tiene experiencia en atender al público y cobrar a los pacientes, y además maneja las redes sociales.

Espero haberte ayudado.

Un cordial saludo,

(firma).

UNIDAD 9

A SUCESOS

1 1 El 31 de diciembre. **2** A las 12 de la noche. **3** En Huelva. **4** Lo transportaron en dos vehículos todoterreno. **5** Se ha descubierto que entre ocho y diez personas participaron en el robo. **6** No, porque llevaban pasamontañas.

2 1 ladrones; **2** aprehendida; **3** transportar; **4** analizadas; **5** todoterreno; **6** ilegal; **7** funcionario; **8** avisar.

3 a 5; **b** 2; **c** 3; **d** 1; **e** 4.

4 1 será inaugurada. **2** ha sido elegida. **3** fue detenida. **4** fue visitado. **5** han sido construidos. **6** ha sido traducido. **7** será condenado. **8** fueron expuestas. **9** serán publicados. **10** han sido llevadas.

5 1 Esta tarde será inaugurada la nueva fábrica de chocolates. **2** Ayer fue detenido el hombre que robaba en urbanizaciones de Tormellar. **3** La película fue rodada durante el pasado mes de julio. **4** Las joyas de la famosa actriz serán subastadas el próximo fin de semana. **5** El museo fue construido en 1967. **6** El mes que viene serán presentados los presupuestos generales del Estado. **7** En el futuro, muchos trabajadores serán sustituidos por robots o máquinas. **8** La mascota de los próximos Juegos Olímpicos será diseñada por un artista venezolano. **9** Esta semana, Ernesto Calderete será elegido alcalde de Villabuena. **10** El mes pasado fue inaugurado el Parque de los Vientos. **11** El faro del Escobón fue diseñado en los años cincuenta para guiar a os barcos y evitar naufragios.

6 Posibles respuestas: **1** Esta semana han sido clausurados los jardines de La Secana. **2** Una anciana ha sido detenida por llevarse la moto de un policía municipal. **3** Un amo de casa ha sido elegido el hombre más sexy del año. **4** Unos valiosos restos arqueológicos fueron destruidos durante la Segunda Guerra Mundial. **5** Esta semana serán inaugurados los Juegos Olímpicos. **6** El presidente del gobierno fue asesinado bajo el edificio del Banco de España. **7** Una niña de 11 ños será premiada por inventar un novedoso sistema de reciclaje.

B ¡CÁSATE CONMIGO!

1 1 b; **2** a; **3** e; **4** c; **5** d; **6** f; **7** h; **8** g; **9** j; **10** i.

2

INFINITIVO	PRESENTE	IMPERFECTO
preguntar	pregunte	preguntara / preguntase
venir	vengáis	vinierais / vinieseis
comer	comamos	comiéramos / comiésemos
hacer	hagáis	hicierais / hicieseis
ser	sean	fueran / fuesen
ir	vayan	fueran / fuesen
querer	queramos	quisiéramos / quisieseis
dormir	durmáis	durmierais / durmieseis
morir	muera	muriera / muriese
poner	pongas	pusieras / pusieses
salir	salgan	salieran / saliesen

SOLUCIONES

3 **1** El vendedor nos recomendó que visitáramos su página web. **2** La profesora nos pidió que escribiéramos nuestro nombre en un papel. **3** Mi novia me dijo que nos veíamos en mi casa. **4** La dependienta le aconsejó a Marta que lo cambiara por otro artículo. **5** Mis padres siempre me dicen que no vaya solo por el barrio a esas horas. **6** Mi tío me ha dicho que pruebe este perfume. **7** Su madre siempre le dice que se quede a dormir en su casa. **8** El policía le dijo que siguiera todo recto por esa calle. **9** Mis profesores siempre nos dicen que no copiemos en los exámenes.

4 **A** **1** piense, **2** me tome, **3** me agobie, **4** escriba, **5** las lea, **6** trate, **7** salga, **8** disfrute, **9** busque, **10** le pida, **11** necesito. **B** **1** pensara, **2** me tomara, **3** me agobiara, **4** escribiera, **5** las leyera, **6** tratara, **7** saliera, **8** disfrutara, **9** buscara, **10** le pidiera, **11** necesitaba.

C QUIERO QUE MI CIUDAD ESTÉ BONITA

1 **1** vuelvas. **2** tengáis. **3** entren. **4** leyeras. **5** conocer. **6** los llevaras. **7** dormir. **8** jugara. **9** os ayude. **10** resfriarse.

2 **1** Espero que Marta pueda venir a mi cumpleaños. **2** Los cuadros robados fueron encontrados en un sótano. **3** Mi médico me dijo que hiciera más ejercicio. **4** Yo quiero que vuelvas pronto a casa para poder hablar contigo. **5** Esa película fue rodada en 1963. **6** Preguntaron que cuándo empezaba el partido. **7** La ganadora será premiada con 800 euros. **8** Necesitas encontrar trabajo. **9** Tu padre pidió que firmaras estos papeles. **10** Me ha preguntado si te quedas a cenar.

3 Respuesta libre.

4 **1** boca **2** polo **3** siempre **4** vago **5** par **6** tiemblo **7** beca **8** Paca.

5 **1** VERBO, **2** BIGOTE, **3** BASURA, **4** ESCRIBIR, **5** HERVIR, **6** INVISIBLE, **7** BRAVO, **8** BARBA, **9** AVIÓN, **10** VERTEDERO, **11** SERVIR, **12** ACABAR, **13** IMBÉCIL, **14** SABER.

UNIDAD 10

A DE VIAJE

1 **1** b; **2** b; **3** a; **4** a; **5** b; **6** c; **7** b.

2 **1** Quizás salga de viaje durante esta semana. **2** Seguramente consigas/conseguirás arreglar mi ordenador. **3** A lo mejor no podemos ir de excursión, seguramente lloverá. **4** Probablemente ya no queden/quedarán plazas para el curso de fotografía. **5** Quizás hoy volváis antes de medianoche. **6** No cogen el teléfono, a lo mejor están ocupados. **7** Seguramente nos levantemos/nos levantaremos temprano mañana.

3 Posibles respuestas: **1** Seguramente están todos escondidos porque me han preparado una fiesta sorpresa. / Quizás me estén esperando en algún sitio para celebrarlo conmigo. Seguramente nadie recuerda mi cumpleaños. **2** A lo mejor ya no funciona. / Probablemente esté sin batería. **3** A lo mejor tiene demasiadas especias. / Quizás solo le falte sal. / Seguramente lleva algún ingrediente extraño. **4** Probablemente necesite vitaminas. / A lo mejor está enfermo. / Seguramente se siente solo. **5** Quizás sea el queso que compré / Seguramente hay algún alimento estropeado. / A lo mejor la nevera está averiada. **6** Seguramente le duele algo. / Probablemente esté un poco loco. / A lo mejor alguien le estaba robando.

B ALOJAMIENTOS

1 **1** playa; **2** hotel; **3** restaurante; **4** menú; **5** habitaciones; **6** servicios; **7** piscina; **8** niños; **9** gimnasio; **10** parque natural; **11** wifi; **12** bien equipada; **13** artículos de aseo; **14** senderismo; **15** jardín.

2 **1** A ¿Sería tan amable de darnos otra llave para la habitación? Esta no funciona bien. B Por supuesto, enseguida le entregamos una. **2** A Disculpe, ¿podría pedir un taxi, por favor? B Por supuesto… Enseguida les espera en la puerta. **3** A ¿Sería tan amable de prestarnos un paraguas, por favor? B Sí, claro. Aquí tienen uno.

3 Posibles respuestas: **1** A ¿Sería tan amable…? B Claro que sí… **2** A ¿Te importaría…? B Lo siento… **3** A ¿Podría…? B Por supuesto, ahora mismo.

4 **1** SERVICIO DE HABITACIONES; **2** APARCAMIENTO; **3** MINIBAR; **4** AIRE ACONDICIONADO.

5 **1** B ¿Sería posible que nos subieran la cena? B Queríamos una ensalada de salmón, un filete de ternera y tomates rellenos. B Una botella de vino blanco de Rueda y una botella de agua mineral. B Sí, helado de naranja y fresas con nata. **2** B Sí, ahora mismo. **3** B ¿Podría decirme si hay plazas en la excursión de mañana a las termas?

C HISTORIAS DE VIAJES

1 **1** Hace sol. / Hace buen tiempo. **2** Está lloviendo. **3** Está nevando. **4** Hace frío. **5** Ha salido el arcoíris. **6** Está nublado. **7** Hay niebla. **8** Hace mucho viento.

2 **1** lluvia; **2** viento; **3** nublados; **4** frío; **5** sol; **6** nubes; **7** temperaturas.

3 **A** – 1, **B** – 6, **C** – 5, **D** – 4, **E** – 3, **F** – 2.

PROCESOS Y ESTRATEGIAS 9 Y 10

1 **INAUGURAR**: una exposición; un museo; un centro cultural. **DETENER**: a un delincuente; a unos ladrones. **PUBLICAR** un libro; unas fotos; una noticia; los resultados de un concurso.

2 APARTAMENTOS LAS FLORES
Fecha de entrada: 1 de abril
Fecha de salida: 4 de abril.
Apartamento CLAVEL
Hasta 4 personas
Dormitorio 1: 1 cama doble
Dormitorio 2: 1 cama doble
¿Viajas con mascotas?
SÍ   NO
Es un viaje de…
Trabajo   Placer

3 Nicolás nos ha aconsejado que hagamos una lista de todo lo que necesitamos, que comprobemos bien los equipos, que busquemos un camping que tenga buenas instalaciones, que nos informemos de las normas del campamento. Y también nos ha recomendado que calculemos bien la cantidad de agua y comida y que llevemos ropa suficiente.

4 Posibles respuestas: **1** Espero que te guste. **2** Necesito que me prestes tu ordenador. **3** Espero que no llueva. **4** Me gustaría que bajarais la música. **5** Quiero que dejes de jugar a videojuegos y hagas los deberes.

6 Posible respuesta:

Hola, (nombre)

¿Qué tal estáis? Yo muy bien, muy contenta de que vengáis por aquí. He estado mirando distintos alojamientos, y hay varios que os pueden interesar. Por ejemplo, el Hotel Maribel a mí me parece que está bien porque parece cómodo y además admiten mascotas. También podéis alojaros en el Hotel La Estrella, porque está en un lugar tranquilo, pero cerca de la ciudad y yo creo que allí podéis relajaros y divertiros con los niños. Pero yo os recomiendo sobre todo los Apartamentos Lara, porque están en un barrio tranquilo, pero bien comunicado y con todo tipo de servicios.

Espero haberos ayudado.

Un abrazo,

(firma).

UNIDAD 11

A EN EL MERCADILLO

1 **1** tarjeta; **2** envolver; **3** cuesta; **4** probar; **5** talla; **6** caro; **7** rebajar; **8** efectivo; **9** par.

2 **1** Cómprasela. **2** Lléveselo. **3** Prepáraselos. **4** Envuélvamelo. **5** Regálaselos. **6** Enséñenoslo. **7** Dásela. **8** Pásaselo. **9** Prestádnoslas.

3 **1** ¿Podrías pasársela? / ¿Se la podrías pasar? **2** ¿Podría enseñárselos? / ¿Se los podría enseñar? **3** ¿Podría repararmelo? / ¿Me lo podría reparar? **4** ¿Podría traérnosla? / ¿Nos la podría traer? **5** ¿Podrías cambiártela? / ¿Te la podrías cambiar? **6** ¿Podría cobrármelas? / ¿Me las podría cobrar? **7** ¿Podrías preparárselos? / ¿Se los podrías preparar?

4 **1** Sí, te las he traído. **2** Sí, se lo he dado. **3** Sí, la he tirado. **4** Sí, se lo he preguntado. **5** Sí, la he telefoneado. **6** Sí, os las he enviado. **7** Sí, lo/le he felicitado. **8** Sí, te lo he preparado. **9** Sí, me los he llevado. **10** Sí, se los he contado.

5 **1** Los zapatos; **2** Los pendientes; **3** La corbata; **4** Los pantalones; **5** El vestido; **6** La bufanda; **7** El chándal; **8** El bolsillo; **9** El gorro; **10** El cinturón.

B ¡ME ENCANTA IR DE COMPRAS!

1 **1** b; **2** b; **3** c; **4** b.

2 **1** lista; **2** súper; **3** ofertas, precios, factura; **4** ticket; **5** carro; **6** cola, cajas.

3 **1** b; **2** c; **3** a; **4** a; **5** b; **6** a; **7** b

4 **1** un poco; **2** un poco de; **3** poco; **4** poco; **5** un poco de; **6** un poco de; **7** poco; **8** poco; **9** un poco.

5 **1** pocos; **2** muchos; **3** bastantes; **4** poca; **5** muchas; **6** bastante; **7** mucho; **8** bastante; **9** bastantes.

6 **1** demasiado; **2** demasiado; **3** demasiados; **4** bastantes; **5** bastante; **6** demasiado; **7** demasiada; **8** demasiadas; **9** bastante; **10** demasiados.

C COMERCIO JUSTO

1 **1** a; **2** a; **3** b; **4** a; **5** a; **6** b; **7** a; **8** a.

2 **1** la; **2** un; **3** una; **4** el; **5** la; **6** los; **7** Lo; **8** un; **9** ø.

3 **1** una; **2** una; **3** las; **4** Un; **5** un; **6** una; **7** la; **8** La; **9** la; **10** del; **11** la; **12** al; **13** El; **14** la.

UNIDAD 12

A 7 DE JULIO, SAN FERMÍN

1 **A** CARNAVAL DE AREQUIPA (foto 2); **B** DÍA DE MUERTOS (foto 4); **C** FERIA DE ALASITAS (foto 1); **D** FIESTA DE LAS FLORES (foto 3).

2 **1** se celebran **2** se fabrican **3** se habla **4** se cena **5** se toca **6** se sale **7** se puede **8** se desayunan **9** se consume **10** se vive.

3 **1** En algunos colegios se lleva uniforme. **2** En Inglaterra se conduce por la izquierda. **3** En España se trabajan 40 horas a la semana. **4** El día de los Santos en las pastelerías se venden buñuelos. **5** En mi país no se celebra la Navidad. **6** En mi casa los domingos se come paella. **7** En esta tienda se vende leche fresca. **8** En este hotel se habla inglés y francés. **9** La ley se aprobará el próximo martes. **10** La uva se recoge en el mes de septiembre. **11** Se construirá un nuevo colegio en mi barrio.

4 **1** Todos los años. **2** El lanzamiento de un cohete que anuncia el comienzo de las fiestas. **3** Una semana. **4** Es la canción de despedida. **5** Los participantes corren delante de los toros a las ocho de la mañana. **6** Desde el siglo XIV. **7** A través del libro de Hemingway, *Fiesta*. **8** Alrededor de 800 000 turistas.

B ¿QUIERES VENIR A MI CASA EN NAVIDAD?

1 **1** Nerea: ¿Gema? **2** Gema: Sí, soy yo. **3** Nerea: Hola, soy Nerea. ¿Qué tal estás? **4** Gema: Muy bien, gracias. Y vosotros, ¿cómo estáis? **5** Nerea: Estupendamente. Mira, queríamos pedirte un favor: ¿podrías traer tú una botella de vino tinto para la cena? **6** Gema: Por supuesto. ¿Quieres que lleve también algún postre? **7** Nerea: No, no te preocupes. Ya hago yo el postre. **8** Gema: ¡Ah, vale, estupendo! Estaré en vuestra casa a las ocho. ¿Os viene bien? **9** Nerea: Sí, perfecto. Gracias, hasta luego.

2 **1** se iluminan. **2** se comen. **3** se sale a patinar. **4** se cuelgan. **5** se comen lentejas. **6** se les regala. **7** se coloca una gran vela blanca. **8** se recita un pequeño poema. **9** se celebra.

3 **1** Por favor, ¿podrías prestarme el móvil para llamar a casa? **2** Por favor, ¿me da dos entradas para la sesión de las siete? **3** Por favor, ¿podría ayudarme a llevar esta caja tan pesada? **4** Señora, ¿me permite ayudarla? **5** Por favor, ¿podrías bajar un poco la música?

SOLUCIONES

C GENTE

1 **1** Leo rápidamente. **2** Cocina estupendamente. **3** Canta dulcemente. **4** Trata a los niños amablemente. **5** Ese actor viste elegantemente. **6** El bebé duerme tranquilamente. **7** Explica claramente. **8** Hizo los ejercicios correctamente. **9** Habla francés perfectamente. **10** Aprende fácilmente.

2 **1** cuidadosa. **2** educadamente. **3** bien. **4** amistosamente. **5** peor. **6** mal. **7** estupendamente. **8** perfectas. **9** pacientemente. **10** mejores.

3 **1** ¿Cómo conduce el amigo de Manuel? **2** ¿Vas mucho a la piscina? **3** ¿Dónde vive el amigo de Ramón? **4** ¿Tienen algún perro (opcional) tus primos? **5** ¿Qué tal escribe Alfredo? **6** ¿Ha estado Elena alguna vez en España? **7** ¿Cómo entró en casa? **8** ¿Cómo resuelve Alicia los problemas? **9** ¿Compras periódicos deportivos? **10** ¿Cómo estás?

4 Frecuentemente, casualmente, cuidadosamente, apasionadamente, rápidamente, trágicamente, cruelmente, amorosamente, silenciosamente, atentamente, claramente.

5 **1** frecuentemente. **2** casualmente. **3** cuidadosamente. **4** apasionadamente. **5** rápidamente. **6** trágicamente. **7** cruelmente. **8** amorosamente. **9** silenciosamente. **10** atentamente. **11** claramente.

6 **1** urgentemente. **2** atención. **3** lentamente. **4** correcto. **5** tristemente. **6** timidez.

PROCESOS Y ESTRATEGIAS 6 (UNIDADES 11 Y 12)

1 **DIÁLOGO 1:** un jersey, le está estrecho, cambiarlo por una talla más, consultar la página web y rellenar un formulario.

DIÁLOGO 2: un ordenador, no es el modelo que ha pedido, cambiarlo por el modelo que eligió, dar su e-mail, imprimir unas etiquetas y llevar el ordenador a Correos.

DIÁLOGO 3: un reloj, no funciona, devolverlo, ir a las oficinas centrales con el reloj en su caja y rellenar un formulario.

2 **A** unas llaves; **B** un perfume; **C** unas gafas; **D** un móvil; **E** unos tomates.

3 El producto no funciona o tiene algún defecto.

El libro ha llegado sin licencia digital y tiene 10 páginas en blanco.

Cambiándolo por el mismo producto.

4 Actividad libre.

5 **1** c; **2** b; **3** c; **4** c; **5** b.

SOLUCIONES A LEER MÁS

UNIDAD 2

1 **1** Es ecológico, eficiente para trayectos cortos y es una solución para los atascos y las dificultades para aparcar. **2** Los bordillos y los baches son un obstáculo para el patinete, y a veces los patinetes son peligrosos porque no los oyes venir. **3** No tienes que cargar con el patinete y no tienes que recargarlo. **4** La potencia, la autonomía, el peso que puede soportar, el tiempo de carga, si es plegable, si tiene asientos o ruedas antipinchazos. **5** En Barcelona. **6** Sí, hay que llevar casco y elementos reflectantes.

UNIDAD 3

1 **1** A; **2** C; **3** B; **4** E; **5** D.

UNIDAD 4

1 **1** V; **2** V; **3** F; **4** V; **5** F; **6** F; **7** V; **8** F.

UNIDAD 5

1 **1** Para que la gente conozca mejor el trabajo de las enfermeras. **2** Son enfermeros. **3** La persona que consigue completar un total de 5 cartas de tareas antes que los demás jugadores. / La persona que termina su turno antes que las demás enfermeras. **4** Porque parte del dinero ganado con el juego será para investigación sobre enfermedades raras. **5** El Año Internacional de las Enfermeras y Matronas y el bicentenario de Florence Nightingale. **6** Bolsas de tela, pins, tazas personalizadas… **7** Tiene que afectar a menos de 5 de cada 10.000 habitantes.

UNIDAD 6

1 **1** V. **2** F. **3** F. **4** F. **5** V. **6** F. **7** F. **8** V. **9** V. **10** V. **11** V.

UNIDAD 7

1 a; **2** c; **3** a; **4** b; **5** b; **6** b; **7** a; **8** c; **9** c; **10** a; **11** b; **12** d; **13** c; **14** a; **15** b.

UNIDAD 8

1 **a** sillón; **b** anorak; **c** móvil; **d** futuróloga o adivina; **e** la Revolución francesa; **f** Europa.

UNIDAD 9

1 **A** VUELVE EL REY LEÓN; **B** ¿QUÉ LE PONGO DE DESAYUNO?; **C** ME PARECIÓ VER UN LINDO GATITO; **D** ESPERAR MERECIÓ LA PENA; **E** ¡A JUGAR!; **F** FOLLOWER DE CUATRO PATAS.

UNIDAD 10

1 **1** Parque Natural. **2** piedra. **3** agua. **4** desprendimiento de rocas. **5** Piedrasecha. **6** cocido montañés. **7** vivienda.

UNIDAD 11

1 c; **2** b; **3** c; **4** a; **5** d; **6** a; **7** a; **8** b; **9** c; **10** c; **11** d; **12** b; **13** a; **14** c; **15** c.

UNIDAD 12

2 **1** En La Vijanera de Silió. **2** En Santa Marta de Ribarteme. **3** En la Tomatina de Buñol, en la Batalla del Vino de Haro y en los Enharinados. **4** En la Tomatina de Buñol. **5** En La Fiesta de los Enharinados de Ibi. **6** En Santa Marta de Ribarteme.

3 Los Castells de Tarragona.

4 La Nochevieja en agosto en Berchules.

SOLUCIONES VÍDEOS

VÍDEO 1 ¿POR QUÉ NO ME LO CONTASTE?

2 **1** Benicàssim en valenciano y Benicasim en castellano, un pueblo de la costa de la Comunidad Valenciana, en la provincia de Castellón.

2 En tren.

3 Su prima Nuria le ha invitado a pasar las vacaciones de verano en la casa de sus padres.

4 Son primos.

3 **1** V; **2** F; **3** V; **4** F; **5** F; **6** V

4 Se llevaban muy bien. Hablaban mucho. Tenían el mismo sentido del humor. Compartían aficiones. Escuchaban el mismo tipo de música. Les gustaban las películas antiguas. Les gustaba viajar en tren.

5 **1** d; **2** g; **3** a; **4** f; **5** h

VÍDEO 2 ¿SABES QUÉ HARÍA YO?

2a

sincero / injusta / tonto / simpática / desagradable / inmaduro / deprimido / insensible / nervioso / insoportable

2b

Pau: nervioso, tonto, inmaduro, sincero, deprimido.

Nuria: simpática, desagradable, injusta, insensible (poca sensibilidad),

Álex: insoportable

3a

Nuria: No ver las fotos de su novia, no morderse las uñas y meditar.

Álex: Conocer chicas nuevas, practicar deportes de energía como el boxeo, salir con gente muy a menudo y tener planes todos los días.

VÍDEO 3 NO TOMES CAFÉ

2 **1** En un jardín / El jardín de la casa de Nuria / Cerca de la piscina.

2 Nuria. Pau, en algunos movimientos, parece que se va a caer.

3 Con los deportes competitivos.

4 Desde que lo dejó su novia.

5 Por la nariz: respirar profundamente; boca: sacar el aire, expulsar lo negativo, todo lo que le inquieta.

3 **1** La contaminación del mar. **2** El impacto medioambiental de los cruceros y los yates. **3** Que el ruido de los barcos estrese a las plantas y los animales marinos y mueran. **4** Que la contaminación lumínica desoriente a las aves. **5** Que consumamos tanta carne. **6** Que su exnovia lo olvide. **7** Que su exnovia se enamore de otro.

4 **1** Separa, **2** Cierra, **3** Siente, **4** Relaja, **5** Siente, **6** Relaja, **7** te quedes.

5 **1** V, **2** F, **3** F, **4** V, **5** F, **6** F, **7** V, **8** V, **9** F, **10** V

VÍDEO 4 SI SE QUEDARA DE VACACIONES

2b

1 e (P), **2** d (A), **3** c (P), **4** a (P), **5** b (A)

3a

1 A Mar. **2** Ayer. **3** Se sorprende y enciende sin querer el aspirador.

4 **1** c, **2** b, **3** a, **4** a, **5** b

5 **1** había visto; **2** iba; **3** habían estado; **4** se había acercado; **5** se había puesto; **6** habían acabado; **7** había perdido; **8** seguía; **9** había contado; **10** había venido; **11** buscaban; **12** se había graduado; **13** Contratarían; **14** tenía; **15** era; **16** presentaba; **17** tenía; **18** le había dicho; **19** quedaría; **20** llamaría.

VÍDEO 5 TE DESEO LO MEJOR

2b

Pau sabe que su exnovia está en Benicàssim y le gustaría verla, por eso pasea por la playa, cerca del hotel Voramar porque era el lugar favorito de los dos. Mientras pasea, recuerda (las imágenes en blanco y negro) momentos bonitos del pasado con Mar en Benicàssim.

3 **1** El hotel Voramar, en Benicàssim. **2** *Novio a la vista*. **3** Berlanga. **4** En tren. **5** En casa de los tíos de Pau. **6** En casa de sus tíos, en Benicàssim.

4b 2

VÍDEO 6 LA ESPERANZA ES LO ÚLTIMO QUE SE PIERDE

1 **Mercado:** m. Sitio público destinado permanentemente, o en días señalados, para vender, comprar o permutar bienes o servicios. (www.dle.rae.es)

A mí me gusta más comprar la fruta en el mercado, creo que está más fresca que en el supermercado.

Mercadillo: m. Mercado, por lo general al aire libre, que se instala en días determinados y en el que se venden artículos muy diversos, nuevos o usados, a un precio menor que el de los establecimientos comerciales. (www.dle.rae.es)

En este pueblo, los viernes hay mercadillo, yo suelo ir, a veces encuentras ropa o zapatos de calidad y muy baratos.

2

Volver: intr. Ir al lugar de donde se partió. U. t. c. prnl. (www.dle.rae.es)

Cuando vuelva a mi país, buscaré un trabajo.

intr. Repetir o reiterar lo que antes se ha hecho. Volver a entrar, volver a empezar. (www.dle.rae.es)

He vuelto a llamar a Lola, pero no contesta, tal vez tiene el móvil en silencio...

SOLUCIONES

Devolver:

tr. Restituir algo a quien lo tenía antes. (www.dle.rae.es)
Toma, te devuelvo tu diccionario, gracias por dejármelo.
tr. Entregar al vendedor una compra por no estar conforme con ella y obtener el reintegro del dinero. (www.dle.rae.es)

- No sé qué hacer con el vestido...
- Puede comprarlo y se lo prueba en casa tranquilamente, si no le gusta, lo trae y le devolvemos el dinero.

2a

1 c, 2 h, 3 e, 4 b, 5 a, 6 g

3a

1 c, 2 a, 3 a, 4 c

3c

No hay una solución única, pero al ver el vídeo completo podemos aceptar que, tal como dice Nuria, parece que la amabilidad y la disponibilidad de Pau para volver al mercadillo a cambiar las chanclas de Nuria, es para tener la posibilidad de encontrarse con su exnovia.

4 **2** Tomate; **4** Sal; **7** Ajo; **8** Agua; **10** Pimiento; **11** Pollo; **13** Arroz; **15** Aceite

5 **Nombre:** El día de las paellas
Lugar: Benicàssim
Fecha: Enero

¿En qué consiste? Los vecinos hacen hogueras en la calle para cocinar sus paellas, se reúnen hasta 25 000 personas y se hacen unas 1500 paellas.

6 1 d, 2 b, 3 e, 4 a, 5 c

7a

1 C, 2 A, 3 B

NOTAS

NOTAS

NOTAS